Imigração e Racismo em Portugal

Título original:
Imigração e Racismo em Portugal:
O Lugar do Outro

© Cooperativa Outro Modo, os autores e Edições 70 Lda., 2011

Capa de FBA

Depósito Legal n.º 344980/12

Biblioteca Nacional de Portugal – Catalogação na Publicação

IMIGRAÇÃO E RACISMO EM PORTUGAL

Imigração e racismo em Portugal: o lugar do outro
org. Bruno Peixe Dias, Nuno Dias. – (Colecção
de bolso le monde diplomatique; 3)
ISBN 978-972-44-1714-1

I - DIAS, Bruno Peixe, 1972-
II - DIAS, Nuno

CDU 316
314
323

Paginação:
Jorge Sêco

Impressão e acabamento:
Papelmunde, SMG, Lda.
para
EDIÇÕES 70, LDA.
em
Junho de 2012

Direitos reservados para todos os países de língua portuguesa
por Edições 70

EDIÇÕES 70, Lda.
Rua Luciano Cordeiro, 123 – 1.º Esq.º – 1069-157 Lisboa / Portugal
Telefs.: 213190240 – Fax: 213190249
e-mail: geral@edicoes70.pt

www.edicoes70.pt

Esta obra está protegida pela lei. Não pode ser reproduzida,
no todo ou em parte, qualquer que seja o modo utilizado,
incluindo fotocópia e xerocópia, sem prévia autorização do Editor.
Qualquer transgressão à lei dos Direitos de Autor será passível
de procedimento judicial.

Imigração e Racismo em Portugal
O Lugar do Outro

ORGANIZAÇÃO DE:
BRUNO PEIXE DIAS e NUNO DIAS

ÍNDICE

Nota introdutória

Nuno Dias e *Bruno Peixe Dias* 7

Da alteridade à recusa da identidade:
o tempo da subjetivação política

Bruno Peixe Dias 15

"Construir as cidades para os outros":
imigração e trabalho no Portugal contemporâneo

Nuno Dias 29

"Portugal não é um país pequeno" reloaded
– "Terceira Via" ou despolitização da diferença?

Nuno Oliveira 47

Criminalização dos fenómenos migratórios

Mónica Catarino Ribeiro e *Sara Dias de Oliveira* . . . 73

IMIGRAÇÃO E RACISMO EM PORTUGAL

"Portugal aos portugueses":
a extrema-direita depois do 25 de Abril

Rahul Kumar 91

Desigualdades sociais e etnicidade:
o caso dos portugueses ciganos

Alexandra Castro 115

Será que deus não precisa de passaporte? Islão
"imigrante", normatividades seculares e islamofobia

José Mapril 137

NOTA INTRODUTÓRIA

NUNO DIAS e **BRUNO PEIXE DIAS**

A Imigração no Cruzamento dos Discursos

Na altura em que este livro vê a luz do dia, em meados de 2012, já não podemos repetir, como se fosse novidade, o adágio, tantas vezes repisado, de que Portugal, antigo país de emigrantes, se tornou também, nos tempos mais recentes, espaço de receção de imigrantes. Claro que aquilo que aqui entendemos como "tempos mais recentes" não pode deixar de depender do horizonte temporal que estamos a considerar. Mas se tomarmos como medida a história política recente, percebemos que já antes do 25 de Abril o território de Portugal era procurado por trabalhadores que vinham de outros espaços geográficos, nomeadamente das então colónias africanas, mesmo se esses movimentos não eram percebidos como parte de um fenómeno de larga escala, a "imigração".

Essa perceção foi sendo gradualmente construída ao longo das três últimas décadas, quando esses imigrantes se foram tornando visíveis no tecido urbano dos grandes aglomerados populacionais (especialmente na zona da grande Lisboa), e à medida que se foram constituindo como objeto de discursos com larga circulação social: o discurso mediático, o discurso científico e o discurso do Estado. Estes discursos estão, de resto, profundamente interligados entre si: o discurso mediático reflete, muitas vezes acriticamente, o discurso das autoridades políticas (quando adota a sua terminologia e, muitas vezes, o seu ponto de vista) e a agenda da investigação científica sobre a imigração e os imigrantes está, por sua vez, intimamente ligada, em Portugal, aos esquemas de financiamento promovidos pelo Estado.

Mas a relação entre estas instâncias está longe de constituir uma via de sentido único com o Estado a comandar os restantes discursos: é uma relação complexa, em que a retórica oficial sobre a imigração se deixa, por sua vez, marcar pela agenda mediática e penetrar por problemas e conceitos surgidos no âmbito das ciências sociais. Basta atentarmos no facto de que termos como "multiculturalidade", "diálogo intercultural", "minorias étnicas", "integração", ou "gestão da diversidade" entraram no léxico político e mediático.

Esta produção discursiva terá atingido o seu auge na década de 2000, pelo menos até ao momento em que a atual crise do capitalismo se tornou mais percetível. Aliás, poucos objetos das chamadas ciências sociais terão marcado de forma tão visível as agendas de investigação como a imigração para, e os imigrantes em, Portugal.

Papel determinante neste "boom" (comparável com o crescimento da historiografia colonial e imperial a partir de finais da década de 90, também função de programas de financiamento estatais, nomeadamente aqueles que estiveram mais diretamente ligados ao calendário de comemorações) teve o organismo governamental responsável pela gestão da chamada "integração" dos imigrantes (a expressão "integração", com a sua carga normativa de paternalismo de Estado, será objeto de considerações mais alargadas neste livro, nomeadamente no artigo de Nuno Oliveira), o *Alto-Comissário para a Imigração e Minorias Étnicas*, entretanto reconvertido em *Alto-Comissariado para a Imigração e Diálogo Intercultural*, uma vez que não deixava de constituir um paradoxo legal e institucional um organismo governamental ostentar no seu nome uma categoria, a de "minorias étnicas", que não tem qualquer lugar no quadro legal português – uma prova de como o discurso institucional se deixa penetrar por categorias que lhe são

IMIGRAÇÃO E RACISMO EM PORTUGAL

extrínsecas[1]. A criação do *Observatório da Imigração*[2], com a publicação de teses e monografias dedicadas à imigração e a temas que lhe são comummente associados, como o racismo e, sobretudo, a encomenda de uma série de trabalhos a investigadores vindos, na sua maior parte, dos meios académicos, que resultou na coleção *Estudos*,[3] representou um momento importante na política de promoção da investigação.

Ao mesmo tempo, os principais centros de investigação nas universidades desenvolviam projetos de investigação à volta da temática das migrações, algumas vezes financiados pela União Europeia, outras pelo Estado português, tendo a literatura sobre a imigração em Portugal rapidamente atingido um volume significativo[4]. Alguns dos livros e artigos que saíram desta tendência são sem dúvida importantes

---

[1] Sobre a existência de minorias étnicas ou nacionais em Portugal, vale a pena ler o relatório do *Conselho da Europa* sobre Portugal, e a correspondente reação do governo Português. Documentos disponíveis em http://www.coe.int/t/dghl/monitoring/minorities/3_FCNMdocs/Table_en.asp#Portugal (6/05/2012).

[2] http://www.oi.acidi.gov.pt/ (6.05.2012).

[3] http://www.oi.acidi.gov.pt/modules.php?name=Content&pa=showpage&pid=15 (6.05.2012).

[4] Algumas bibliografias tentando abarcar a produção científica, em Portugal, sobre imigração, podem ser acedidas nesta página: http://www.oi.acidi.gov.pt/modules.php?name=Content&pa=showpage&pid=24 (6/05/2012).

NOTA INTRODUTÓRIA

contributos para o conhecimento da realidade da imigração para Portugal, e do modo como os imigrantes vivem no território Português, de como as próprias estruturas sociais e institucionais se transformaram com a imigração. Lidos de forma crítica (ou seja, à luz das suas consequências políticas), estes estudos são muitas vezes um excelente documento acerca do modo como a alteridade se constrói na relação diferencial (por exemplo na construção de uma diferença entre o "estrangeiro", ou o "imigrante" e o "autóctone"), e de como a própria ciência social contribui para a consolidação de categorias através das quais o Estado produz e faz a gestão de grupos e de identidades. E também permitem, no seu aspeto mais puramente descritivo, antecipar alguns desenvolvimentos económicos e sociais, nomeadamente no campo laboral, que depressa se estenderam ao todo social.

Propósito do Livro

O livro que se segue não é um balanço crítico dessa vasta bibliografia, muito menos uma tentativa de sistematização dos seus aspetos mais importantes. Trata-se tão somente de uma revisitação, em modo crítico, de alguns dos principais temas que fizeram a agenda política, mediática e social-científica da imigração em

11

Portugal nos últimos anos. Crítica no sentido que são os próprios limites das categorias usadas para fazer sentido dos fenómenos assim identificados que são expostos, procurando, desse modo, desnaturalizar conceitos que, pela repetição com que foram empregues, acabaram por se apresentar como transparentes, como reflexos da realidade que são supostos espelhar, quando, muitas vezes, são eles que comandam uma certa intervenção na realidade.

Um exemplo disto é o conceito de "integração", um importante princípio orientador das políticas estatais dirigidas aos estrangeiros. Ora a integração parte do princípio de que as sociedades nacionais têm sistemas centrais de valores, aos quais os imigrantes terão de se adaptar. Na sua versão musculada, essa adaptação é responsabilidade unilateral do estrangeiro, na sua versão mais benevolente é um processo dialógico do qual a sociedade de acolhimento retira alguma coisa. Mas a falácia, aqui, é a postulação de um tal sistema central nacional de valores, que esconde as divisões dentro da própria sociedade de acolhimento, e o facto de que os trabalhadores imigrantes estarão, provavelmente, politicamente mais próximos dos trabalhadores nacionais, do que estes últimos estão dos capitalistas, sejam estes de que país forem.

Essa proximidade está bem patente no modo como as formas de precarização do vínculo laboral que

NOTA INTRODUTÓRIA

faziam parte da experiência de trabalho do estrangeiro se estão a generalizar ao conjunto dos trabalhadores, mostrando assim a falsa oposição entre "trabalhadores nacionais" e "trabalhadores imigrantes". Não deixa de ser curioso que o trabalho seja tomado como axial no processo da dita "integração" ou, o que é dizer o mesmo, que a presença do estrangeiro em território nacional esteja indissociavelmente ligada à exigência de trabalho. Que tal aconteça quando uma parcela cada vez maior da produção de valor no capitalismo exige um cada vez menor volume de mão de obra[5], à medida que o consenso austeritário exige mais daqueles que têm um emprego e continua a ligar, indissociavelmente, o rendimento ao trabalho, que tal aconteça, dizíamos, só mostra como o discurso moralista acerca do trabalho é a sombra que acompanha a produção de miséria[6].

---

[5] JAPPE, Anselm (2012); *Sobre a balsa da Medusa: Ensaios Acerca da Decomposição do Capitalismo,* Lisboa, Antígona.

[6] Todos os textos incluídos neste livro são inéditos. Os organizadores agradecem o encorajamento e a amizade do Nuno Domingos.

DA ALTERIDADE À RECUSA DA IDENTIDADE: O TEMPO DA SUBJETIVAÇÃO POLÍTICA

BRUNO PEIXE DIAS

O Que Nomeia a Palavra "Imigrante"?

Numa entrevista com Peter Hallward realizada em 1997, o filósofo francês Alain Badiou falava do esforço sistemático, por parte de quem ocupa o poder do Estado, para eliminar a palavra "trabalhador" do espaço político. Nesse esforço, a categoria "imigrante" ou "imigrante ilegal" tomou, no espaço público, o lugar que antes estava reservado ao "trabalhador", ou ao "proletário"[1]. Se pensarmos no modo como a palavra imigrante não é comumente usada para designar todo o indivíduo que vive fora do seu país, mas apenas

---

[1] BADIOU, Alain (2001); *Ethics: An Essay on the Understanding of Evil*, Londres: Verso, pp. 102-103.

aqueles de entre eles que pertencem às classes menos privilegiadas, nomeadamente os trabalhadores dos países não-ocidentais que ocupam as posições menos qualificadas no mercado de trabalho, percebemos que a afirmação de Badiou nada tem de extravagante. Imigrante é, pois, um nome político e não uma categoria objetiva de descrição do real.

Entenda-se, então, que não se trata aqui de diagnosticar a substituição de um grupo populacional por outro na estrutura social, de uma substituição de trabalhadores nacionais por trabalhadores estrangeiros no cumprimento de uma determinada função económica. Do que se trata é do lugar político ocupado por cada uma destas categorias e, consequentemente, do potencial de ação política que cada um destes grupos encerra, que constitui uma possibilidade de desestabilização da ordem social ou, pelo menos, de desarrumação das grelhas hegemónicas de leitura do real.

Assim, o lugar estrutural que em tempos foi o do proletário, o daquele cujo trabalho é essencial ao desempenho das funções que asseguram o normal funcionamento da sociedade, mas que não encontra lugar no espaço simbólico onde se inscrevem os interesses legitimamente considerados como "políticos", é agora ocupado pelos trabalhadores que vêm para os países "ocidentais", aos quais é, no melhor dos

DA ALTERIDADE À RECUSA DA IDENTIDADE

casos, tolerada uma presença sem direitos políticos ou, quando nem isso têm, uma existência na clandestinidade[2].

Os imigrantes, tanto os indocumentados como aqueles que estão em situação dita "regular" ocupam, assim, nas sociedades ocidentais de capitalismo avançado dos nossos dias, aquilo a que Jacques Rancière chama a "parte dos sem parte", aqueles cuja existência objetiva e cuja participação funcional na ordem socioeconómica não encontra tradução na distribuição dos poderes sociais, sejam os recursos económicos, seja o próprio direito de palavra, o direito a serem ouvidos no que toca ao destino comum do coletivo.

Desconstruir este processo de subalternatização impõe-se, portanto, a qualquer perspetiva política que se queira emancipatória e igualitária. Essa desconstrução implica, por sua vez, uma crítica aos conceitos e categorias com que se constrói o discurso sobre o imigrante e o estrangeiro, categorias e conceitos que tendem a combinar-se na construção de um quadro estável de entendimento do real com profundas implicações políticas, na medida em que

---

[2] Em Portugal chega a ser possível a um imigrante "ilegal" descontar para a segurança social. Se fosse preciso uma prova da ligação problemática entre trabalho e direitos, ela aí está. Veja-se, a este propósito, o artigo de Mónica Catarino Ribeiro e de Sara Dias de Oliveira incluído neste livro.

esse entendimento está necessariamente ligado à ação. Tal quadro de entendimento ultrapassa muitas vezes as próprias divisões com que nos habituámos a entender a política, nomeadamente a divisão entre esquerda e direita.

Não queremos com isto afirmar que o discurso da esquerda e da direita no que toca à imigração e aos estrangeiros se assemelham. Bem pelo contrário, este é um dos domínios de intervenção política onde a diferença de posições é bastante discernível, com a direita normalmente a assumir um ponto de vista em que as preocupações securitárias e economicistas comandam as opções políticas e legislativas, e a esquerda a defender posições mais humanitárias e, diga-se, menos estigmatizadoras do fenómeno da imigração em si. Mas o que esquerda e direita tendem a partilhar é justamente o quadro categorial e conceptual com que se aborda a imigração, e que tende a interpretá-la como um "problema". Um problema que suscita diferentes respostas (e não queremos com isto dizer que essas diferenças são de somenos), mas que parte de uma grelha de análise largamente partilhada, uma grelha de análise da qual a própria dicotomia nacional/estrangeiro é peça essencial, poucas vezes questionada nos seus pressupostos políticos.

O Imigrante como Enteado da Nação

Se esquerda e direita partilham alguns aspetos com que abordam a imigração, é porque essa partilha assenta em bases mais fundas, nomeadamente no quadro nacional que determina não só a sua ação, como também a sua grelha de entendimento da política. Não há processo de produção de "alteridade", de estabelecimento de fronteiras entre um "nós" e um "eles" que seja, do ponto de vista político, inocente, i.e., que não seja constitutivo de uma diferença que arrasta consigo uma partilha desigual. O Estado-nação, enquanto máquina de produção e de gestão de identidades, produz um espaço de pertença que é, ao mesmo tempo um espaço de exclusão. E o imigrante é, em relação a esse espaço de pertença da nação, o "outro" nacional e o "outro racial", a figura por excelência do excluído.

É importante acrescentar que a nação, enquanto produtor de diferenças, não o é de forma absoluta, ou impermeável a outros mecanismos produtores de divisões. A classe e o género são alguns dos mais importantes princípios de divisão hierárquica que não deixaram de interagir com o princípio nacional, muitas vezes no sentido de reforçar relações de dominação, reforço bem exemplificado no modo como a condição subalterna do imigrante sem documentos facilita a sua exploração laboral.

Como referimos no início deste texto, o imigrante não é apenas aquele que não detém a titularidade da cidadania do país onde vive. Há muitos modos de se ser estrangeiro, e o imigrante é tanto uma determinação legal como uma determinação de classe. Neste sentido, a categoria "imigrante" traz consigo a ambiguidade que é também constitutiva do sujeito político por excelência do nacionalismo: o "povo", que transporta consigo o duplo significado de uma população nacional no seu todo (ex.: o povo Português) e da parte desse todo correspondente aos excluídos, às classes mais desfavorecidas na distribuição dos recursos[3].

Nação e Produção de Identidades Subalternas

O movimento pelo qual se constrói o "povo nacional" é, de resto, aquele pelo qual se constitui a representação do "outro" como estrangeiro. A criação dos Estados-Nação modernos foi acompanhada do esforço de construção de uma identidade nacional, sustentada por uma tentativa de homogeneização linguística e cultural do conjunto populacional sob a administração de um Estado. A soberania moderna assenta, assim, no

---

[3] AGAMBEN, Giorgio (2010); "O que é um Povo?", *Política dos Muitos: Povo, Classes, Multidão*, Lisboa: tinta da China, pp. 31-34.

controlo Estatal sobre um determinado território, circunscrito por fronteiras que o separam de outros territórios nacionais, e sobre uma população que se quer unida por uma identidade nacional. Essa identidade nacional, que é também ela uma construção histórica, um resultado do esforço levado a cabo pelo Estado moderno em produzir essa identidade, apresenta-se o mais das vezes de uma forma "naturalizada", isto é, como se não fosse ela própria contingente e histórica, mas como se as suas raízes mergulhassem fundo no tempo mítico e imemorial de uma fundação da nação[4].

O rápido esquecimento da natureza contingente da identidade nacional e o caráter "natural" com que ela se nos apresenta tem como consequência a hipostasiação dessa mesma identidade e a exacerbação daquilo que supostamente separa umas nacionalidades de outras. Assim, a ligação de um determinado indivíduo a um território e a um Estado, que tem a sua tradução institucional na cidadania, adquire, no sentimento desse indivíduo, um caráter substancial, que o leva a exacerbar os laços que o unem aos outros indivíduos que partilham essa identidade, e a reforçar as diferenças em relação aos detentores de outras nacionalidades. Quando a esse sentimento de diferença se

---

[4] GEARY, Patrick (2008); *O Mito das Nações: A Invenção do Nacionalismo*, Lisboa: Gradiva.

junta uma consideração do estrangeiro como indesejável, ou mesmo como cultural ou racialmente inferior, estamos então perante a xenofobia e o racismo, que não resultam, de resto, da mera existência do "estrangeiro". Embora esse seja o seu ponto de partida, a essa divisão entre "nós" e os "outros" junta-se uma consideração hierárquica acerca do "valor" associado a cada nacionalidade ou grupo populacional racialmente definido, portanto, do seu caráter mais ou menos desejável.

A Gaiola de Ferro da Racialização

É importante, por isso, ter em conta que a xenofobia e o racismo, para além de serem fenómenos históricos e culturais, têm uma dimensão coletiva e estrutural, i.e., dizem respeito a relações de poder entre grupos, relações essas que normalmente se estendem no tempo e constituem traços duráveis nas relações entre esses grupos. O caráter persistente do racismo e da xenofobia está relacionado com a já referida "naturalização" daquilo que nos separa do "outro" nacional ou "racial", e com o modo como essa diferença está associada a uma hierarquia que por sua vez sustenta uma divisão desigual de riqueza e poder numa sociedade.

O caráter coletivo e estrutural dos processos de racialização e de produção da xenofobia assinalam os limites do discurso que procura reduzir o racismo à discriminação, isto é, que remete a dominação racial a um conjunto de atos discriminatórios identificáveis e resolúveis através de sanções penais, elidindo assim a dimensão de hierarquia grupal da ordem racial em causa, bem como o enraizamento histórico pelo qual esta hierarquia se constituiu. Do mesmo modo, não podemos aceitar a circunscrição do racismo e da xenofobia à extrema-direita. Se esta é a sua expressão mais visível e mais flagrante, não esgota, de modo nenhum, os modos possíveis pelos quais as hierarquias raciais se inscrevem no tecido da vida quotidiana, e que não visam apenas os imigrantes[5].

O caráter histórico dos processos de constituição da alteridade devem também alertar-nos contra qualquer tentativa de os considerar como processos acabados, como objetivações simbólicas estáveis e cristalizadas num conjunto de práticas, de narrativas e de crenças tendo o outro (racial, nacional, cultural) como objeto. A racialização, bem como a nacionalização, são processos em aberto, tendências contrariadas de forma

---

[5] O caso dos ciganos em Portugal, que são na sua maioria cidadãos nacionais, é um bom exemplo disto. Veja-se, a este propósito, o texto de Alexandra Castro neste livro.

subtil e combatidas de forma flagrante, mas também reforçadas simbolicamente, uma vezes de forma explícita, como no caso do discurso da extrema-direita[6], outras de forma mais subtil, mas que não deixam de menorizar o imigrante ou, mais geralmente, o "outro colonial", como no caso de certas representações artísticas, mediáticas e políticas, em que a subalternidade é reafirmada. Há todo um jogo de espelhos entre, por um lado, certas representações culturais em que o não-ocidental (o africano, ou o árabe) é representado ora como o carrasco impiedoso e sem sentimentos, ora como a vítima indefesa e, por outro lado, a retórica das intervenções militares humanitárias.

A Produção da Subalternidade

Da mesma maneira, a constante associação da imigração a um "problema" para a sociedade de acolhimento, um problema que cabe aos governos resolver, deixando entrar e permanecer apenas o número estritamente necessário para desempenhar as tarefas para os quais não há mão de obra disponível, essa associação não pode deixar de investir a figura do imigrante de um valor de "indesejabilidade", como

---

[6] Veja-se o texto de Rahul Kumar neste livro.

se tratasse de um convidado indesejado, ou apenas tolerado à mesa de um ocidente cuja riqueza ajudou a construir, ontem como trabalhador indígena no sistema de exploração colonial, hoje como trabalhador imigrante na metrópole. A reiteração destas representações é mais um fator de subalternização das populações imigrantes.

Ao mesmo tempo em que se reconhece a necessidade de mais imigrantes para garantir a reprodução da população ativa e a solvabilidade dos sistemas públicos de segurança social[7], numa perspetiva meramente instrumental de relação com o outro, reafirma-se o princípio da nação como espaço de unidade cultural dotado de determinações simbólicas singulares (a língua, a história, a cultura), mas também muitas vezes raciais.

É nesta ideia de uma pertença substantiva à nação, de uma participação no seu corpo, que esbarra a ideia universalista de uma cidadania como contrato entre o indivíduo e Estado. Há um excesso que é constitutivo da ideia de nação e que não se resolve num mero contrato de direitos e deveres, mas que constitui, justamente, uma barreira a esses direitos e deveres, na medida em que tal pertença é considerada como

---

[7] Ver, a este respeito, o texto de Mónica Catarino Ribeiro e Sara Dias de Oliveira neste livro.

constitutiva da nacionalidade[8]. Só assim se explica a gafe do presidente da república Cavaco Silva quando, num debate televisivo, afirmou que não podia ser atribuída a cidadania portuguesa com demasiada facilidade aos imigrantes brasileiros, porque senão "eles seriam mais do que nós". É óbvio que, de um ponto de vista da cidadania, o receio de Cavaco Silva não tem qualquer sentido. Se todos têm cidadania portuguesa, de que "nós" e de que "eles" é que se está a falar?

Esta aparente contradição entre necessidade económica de mão de obra por um lado e, por outro, o levantamento de barreiras à entrada e estabelecimento de imigrantes em nome da defesa da preferência nacional é, na verdade, apenas aparente, na medida em que o seu resultado, que é o imigrante clandestino, acaba por ser altamente instrumental no propiciar de mão de obra barata que alimenta setores da economia como a construção civil, os serviços e os cuidados pessoais[9].

---

[8] ZIZEK, Slavoj (1994); "Enjoy your Nation as Yourself!", *tarrying with the Negative: Kant, Hegel and the Critique of Ideology*, Durham: Duke University Press.

[9] MEZZADRA, Sando; "A Ilegalidade dos Imigrantes é Muito bem Vista pelo Capital", entrevista ao jornal I realizada por Joana Azevedo Viana, publicada na edição de 3 de maio de 2012 e disponível em http://www.ionline.pt/mundo/sandro-mezzadra-ilegalidade-dos-migrantes-muito-bem-vista-pelo-capital (7/05/2012).

DA ALTERIDADE À RECUSA DA IDENTIDADE

À esquerda, por sua vez, o discurso não apresenta os matizes securitários nem veicula a perspetiva de instrumentalização que faz do imigrante uma mera instância do fator de produção trabalho, cuja presença pode ser necessária, mas não deixa de ser indesejável e, portanto descartável, assim que a sua função se esgotar, princípio que encontra na política das quotas, consagrada em Portugal, a sua manifestação mais visível. Mas o discurso da esquerda, e de algumas Organizações não Governamentais (ONG's) NGO's de defesa dos imigrantes, ao procurar defender o imigrante como uma vítima a ser protegida, retira-lhe a potência subjetiva de agir, e coloca-o mais uma vez na posição de subalterno em relação ao autóctone. Em vez de o considerar como alguém capaz de vontade, decisão e agência política, o imigrante é remetido à pura passividade, e é-lhe emprestada uma voz na suposição de que não se vai conseguir fazer entender[10].

Não se trata, no entanto, de fazer do imigrante uma reserva de radicalismo, atribuindo-lhe a responsabilidade de assumir um antagonismo político que até há pouco parecia estar ausente das camadas populares ocidentais. Do que se deve tratar é da criação de

---

[10] MEZZADRA, Sandro (2012); *Direito de Fuga*, Lisboa: Unipop, pp. 81-120.

espaços de reivindicação igualitária, que tanto podem ser as lutas que expressam violentamente o antagonismo entre as classes, com a exigência da consagração institucional de uma nova cidadania, em que os direitos deixem, em definitivo, de estar vinculados à nação[11].

---

[11] A ideia de uma cidadania não-nacional tem sido defendida por Étienne Balibar. Veja-se, entre outros, BALIBAR, Étienne (1998); *Droit de Cité*, Paris: PUF.

"CONSTRUIR AS CIDADES PARA OS OUTROS": IMIGRAÇÃO E TRABALHO NO PORTUGAL CONTEMPORÂNEO

NUNO DIAS

A grande maioria dos estudos sobre imigração em Portugal nas últimas três décadas agrupa-se num ponto de partida comum: as transformações políticas, sociais e económicas desencadeadas a partir de 1974 ocasionaram uma profunda reconversão demográfica decorrente de uma alteração continuada dos regimes migratórios. Com a extinção do modelo de governação autoritário, a queda do aparelho colonial e o colapso de toda a estrutura institucional que o sustentava, Portugal, um país cujo saldo migratório era inequivocamente negativo (o número de saídas retiravam sentido ao número de entradas), assiste a um fluxo de entrada sem paralelo na sua história recente. Mas se, por um lado, e não deixando estes de constituir pontos fundamentais para pensarmos o quadro global de conceptualização académica e política sobre a realidade migratória em Portugal, as particularidades da deslocação protagonizadas pelo contingente que se convencionou designar por "retornados"[1] e a própria ausência de uma corroboração fidedigna sobre a transição de um 'país de emigração' para um "país de imigração"[2] não cabem no âmbito das questões sobre as quais importa aqui refletir; por outro lado, é imperativo que olhemos para a imigração não como um local de práticas e de comportamentos uniforme consequente de uma linearidade histórica tão previsível quanto inevitável e antes como um espaço de interseção de processos políticos, económicos e sociais marcados pela heterogeneidade de trajetórias, condicionalismos, estratégias e recursos dos intervenientes nesse mesmo espaço. Nesse sentido, olhar para a imigração, em particular para a imigração económica, implica compreender uma diversidade de contextos (mercado de trabalho, políticas públicas, discriminação, legislação, etc.), e de debates sobre esses mesmo contextos, bem como os seus cruzamentos com as populações imigrantes que os preenchem, nomeadamente

---

[1] PIRES, Rui Pena. *et al.* (1987); *Os Retornados, Um Estudo Sociográfico,* Lisboa: Instituto de Estudos para o Desenvolvimento.

[2] PEIXOTO, João (2004); "País de emigração ou país de imigração? Mudança e continuidade no regime migratório em Portugal", Socius Working Papers, Lisboa.

"CONSTRUIR AS CIDADES PARA OS OUTROS"

através do modo como esses cruzamentos vão sendo acompanhados quer por um alargamento dos fluxos migratórios quer por tendências globais na estruturação dos mercados de trabalho do hemisfério norte.

Evolução da imigração

Até ao último quartel do século XX a imigração para Portugal é marcada sobretudo por movimentos numericamente pouco expressivos de natureza irregular e episódica. A entrada na metrópole de naturais de outros territórios foi protagonizada essencialmente por refugiados ou estrangeiros de passagem para o continente americano durante a Segunda Grande Guerra, ou por cidadãos portugueses oriundos das colónias. Após esse período, a transformação demográfica imediata e mais significativa resulta da entrada de um contingente de sensivelmente meio milhão de pessoas, os já referidos "retornados", num intervalo de tempo relativamente reduzido, proveniente das ex-colónias e que viriam, parcialmente, é certo, a representar a base a partir da qual se estabeleceria uma corrente migratória com origem nos PALOP[3]

---

[3] BAGANHA, Maria Ioannis *et al.* (coords.) (2002); *Os Movimentos Migratórios Externos e a sua Incidência no Mercado de Trabalho em Portugal*, Lisboa, Observatório do Emprego e Formação Profissional.

que progressivamente se fixou e se consolidou em bairros da periferia de Lisboa. A imigração em Portugal continuava ainda a encaixar na tendência que Alejandro Portes[4] denominou por "o refluxo do império" contribuindo, todavia, para uma transformação, não apenas dos quadros demográficos dos países de acolhimento, mas também das realidades urbanas, sociais, económicas, culturais, entre outras, dessas mesmas ex-metrópoles.

Após a ratificação do Acordo de Schengen em 1993, e com o início da sua entrada em vigor em 1995, Portugal entra definitivamente no grupo de países recetores de imigração, com aumentos evidentes nos períodos extraordinários de regularização (1992, 1996 e 2001). A diferenciação dos fluxos e das nacionalidades que entram no mapa da imigração em Portugal acentuam a diversidade de trajetórias, recursos e representações das, e nas, categorias de imigrantes que refletiam, mais do que as especificidades de um cenário migratório concreto, uma realidade global em mutação. À imigração predominantemente lusófona sucederam-se, no início da década de 90, um fluxo de quadros de empresas e profissionais qualificados brasileiros, e mais tarde uma imigração mais heterogénea

---

[4] PORTES, Alejandro (1999); *Migrações Internacionais: Origens, Tipos e Modos de Incorporação*, Oeiras, Celta.

"CONSTRUIR AS CIDADES PARA OS OUTROS"

proveniente quer também do Brasil, quer dos países do leste europeu e do subcontinente indiano. Concomitantemente a esse aumento é neste contexto que surgem os primeiros trabalhos científicos sobre a imigração e as populações nesta representadas[5]. Por sua vez, o incremento das correntes migratórias originárias das ex-colónias em conjunto com os novos contingentes faziam-se notar de modo mais evidente, amplo e irreversível nos contextos de receção, forçando, desta forma, a entrada da questão "imigração" no debate político. E será já em 1996 que é criada a primeira figura institucional com responsabilidade diretas e exclusiva no domínio das migrações e minorias étnicas. Os dados recolhidos desde 1980 permitem observar um aumento constante e expressivo ao longo das últimas três décadas (Quadro 1).

---

[5] Vd., *inter alia*, MACHADO, Fernando Luís (1992); "Etnicidade em Portugal. Contrastes e politização", *Sociologia, Problemas e Práticas*, 12, 123-136; MALHEIROS, Jorge Macaísta (1996); *Imigrantes na Região de Lisboa. Os anos da Mudança*, Lisboa, Edições Colibri 1997); Baganha, M. I. (1997); "Economic opportunities for illegal immigrants in Portugal", Paper presented to the CEPR Workshop *On The Economics Of Illegal Immigration*, Athens (February).

IMIGRAÇÃO E RACISMO EM PORTUGAL

QUADRO 1 – Evolução do stock da população estrangeira residente (1980-2010)[6]

Ano	Total da população estrangeira	Ano	Total da população estrangeira
1980	50 750	1996	172 912
1981	54 514	1997	175 263
1982	58 674	1998	178 137
1983	67 484	1999	191 143
1984	73 365	2000	207 607
1985	79 594	2001	350 898
1986	86 982	2002	413 487
1987	89 778	2003	433 650
1988	94 694	2004	447 155
1989	101 011	2005	414 659
1990	107 767	2006	420 189
1991	113 978	2007	435 736
1992	123 612	2008	440 277
1993	136 932	2009	454 191
1994	157 073	2010	445 262
1995	168 316		

Fonte: Serviço de Estrangeiros e Fronteiras.

---

[6] É necessária uma nota para mencionar que entre 2000 e 2007 estão incluídos no total apresentado os valores relativos à categoria Autorizações de Permanência, a figura criada no contexto do período de regularização extraordinária e que apesar de extinta neste último ano vinha a diminuir desde 2004. Desde 2005 são ainda contabilizados os Vistos de Longa Duração de modo discriminado fazendo estes igualmente parte dos totais apresentados no Quadro 1.

"CONSTRUIR AS CIDADES PARA OS OUTROS"

Para além da nacionalidade cabo verdeana, tradicionalmente a mais representada nas estatísticas da população estrangeira residente, há duas outras nacionalidades que se destacam e que progressivamente assumem, em particular na última década, valores mais elevados do que qualquer outra categoria: por um lado, a par com uma tendência verificada no resto da Europa, emergente após a independência das ex-Repúblicas Soviéticas, a imigração da Europa de Leste ganha expressão numérica e dentro desta a corrente proveniente da Ucrânia é consistentemente a de maior dimensão; por outro lado a imigração proveniente do Brasil não apenas é a principal nacionalidade representada nas estatísticas como é a única das três mais significativas a manter o crescimento em 2010, o último ano para o qual existem registos (Quadro 2).

As variações no número de imigrantes vêm refletindo uma conjuntura simultaneamente particular e geral de circulação da mão de obra no mercado global de trabalho. Do mesmo modo, as ideias centrais a partir das quais a imigração é problematizada são consolidadas numa retórica política e numa apropriação desta no espaço público a partir de uma perceção numérica e enformada por quadros de conceptualização neocoloniais da alteridade. A criação política do problema social "imigração" e a retórica securitária

IMIGRAÇÃO E RACISMO EM PORTUGAL

QUADRO 2 – Evolução do stock da população estrangeira residente pelas três principais nacionalidades (1999-2010)

Ano	Brasil	Ucrânia	Cabo Verde
1999	20 851	123	43 951
2000	22 411	163	47 216
2001	47 254	45 429	55 418
2002	36 237	16 808	52 459
2003	64 481	65 214	62 416
2004	66 907	66 227	64 164
2005	63 654	43 799	67 457
2006	65 463	37 851	65 485
2007	66 354	39 480	63 925
2008	106 961	52 494	51 352
2009	116 220	52 253	48 417
2010	119 363	49 505	43 979

Fonte: Serviço de Estrangeiros e Fronteiras.

que sustentam a denominada 'indústria migratória'[7] são os fundamentos em que assentam a ideia dominante da necessidade do controlo sobre fronteiras e que reforçam a ilusão da inevitabilidade da instituição de esquemas de fixação de quotas migratórias. Por conseguinte, a "urgência social" da limitação dos

---

[7] CASTLES, Stephen and MILLER, Mark J. (2009); *The Age of Migration: International Population Movements in the Modern World*, New York, The Guilford Press.

números da imigração permite assim aos Estados recetores impedir, através de um conjunto de expedien-
tes legais, em alguns casos com uma arbitrariedade
garantida pela própria letra da lei, o acesso à cidadania por parte dos imigrantes laborais provenientes das
economias menos fortes e, dessa forma, preservar uma
reserva de mão de obra numerosa e flexível.

Imigração e mercado de trabalho

Os novos fluxos migratórios foram integrados no
mercado de trabalho de formas simultaneamente diferenciadas e homólogas. Diferenciadas pela pluralidade
de setores e homóloga na forma como a generalidade
desses setores se encontram ligados através de uma pre-
valência característica de relações laborais definidas pela
precariedade e resistentes aos mecanismos convencio-
nais de proteção dos direitos dos trabalhadores. A sua
atual sobrerepresentação em alguns segmentos socialmente desvalorizados do mercado de trabalho português atestam a ocorrência de dinâmicas particulares nas
sociedades de acolhimento resultantes da sua presença.

A construção, os serviços domésticos e a prestação
de cuidados, a hotelaria e a restauração são áreas nas
quais são manifestas as transformações ocorridas nas
últimas décadas decorrentes da entrada de populações

estrangeiras. É por conseguinte consensual a centralidade destes setores para compreendermos as trajetórias das populações imigrantes e a sua posição na estrutura social. O setor da construção, para a imigração masculina, e o setor das limpezas e dos serviços domésticos, para a imigração feminina, contribuíram determinantemente para o crescimento do número de trabalhadores imigrantes na economia portuguesa e mantiveram-se durante toda a década de 90 como principais vias de acesso ao mercado de trabalho nacional para a mão de obra estrangeira[8].

Importa, nesse sentido, tentar debater o modo como imigração e mercado de trabalho se têm influenciado mutuamente. A ideia de que a imigração tem sido responsável pelo modo como estes setores têm evoluído é tão válida quanto a ideia de que os imigrantes têm sido condicionados pelos modos de funcionamento do trabalho e do tipo de relações que lhe estão associados. A relevância e a dimensão da relação entre imigração e estes setores, em paralelo com a sua continuidade, pressuporia um conjunto nuclear de trabalhos e reflexões já consolidadas sobre os significados e

---

[8] MALHEIROS, Jorge (1998); "Immigration, clandestine work and labour market strategies: the construction setor in the Metropolitan Region of Lisbon', *South European Society and Politics*, 3: 3, 169-186.

as consequências da presença de contingentes estrangeiros nestes segmentos do mercado de trabalho.

Surpreendentemente, apesar da ubíqua referência à concentração de mão de obra imigrante no setor da construção civil e das limpezas e prestação de cuidados, são ainda poucas as análises suficientemente aprofundadas para permitir avançar para além do exercício exclusivamente descritivo ou etnográfico. Se relativamente à imigração podemos olhar para a década de 80 como fase de consolidação dos fluxos migratórios pós-descolonização desencadeados na segunda metade da década anterior; relativamente à construção podemos também olhar para esse mesmo período como o início de um ciclo bastante favorável à indústria. A entrada na CEE e o acesso aos fundos estruturais coincidiram e propiciaram o aumento do investimento privado e público materializado em obras de grande dimensão como foi o caso da Ponte Vasco da Gama, a Expo 98 e a construção dos Estádios para o Euro 2004 e um vasto conjunto de outras obras de menor dimensão. O setor cresceu de forma estável juntamente com a empregabilidade no seu interior.

Com este crescimento o aumento da subcontratação foi uma das estratégias que mais se vulgarizou no setor. Apesar da óbvia redução de riscos e de custos associada à figura da subcontratação, a imprevisibilidade do volume de trabalhos a médio prazo também decorrente do elevado número de empresas conduz a uma redução do número de empregados permanentes nos quadros das empresas. Este círculo vicioso (mais trabalho, mais firmas, mais subcontratação, mais trabalhadores e mais precariedade) criou a imagem de um setor dependente da flexibilidade da sua mão de obra (geográfica e financeira). Dados dos Quadros de Pessoal mostram, por exemplo, como o universo de unidades empresariais no setor aumentou de cerca de 9000 firmas em 1986 para perto das 50000 na segunda metade da década passada. Paradoxalmente o número de indivíduos empregados no setor, apesar de revelar um aumento acima dos 100% durante o mesmo período, cresceu numa proporção bastante inferior ao do número de empresas, demonstrando inequivocamente a forte informalidade ligada aos principais setores de empregabilidade relativos à mão de obra imigrante.

Por sua vez, a entrada das mulheres imigrantes no mercado de trabalho, e mais importante ainda, o seu crescimento, não estão imunes a uma tendência histórica de desvalorização do trabalho feminino e aos constrangimentos que lhe estão associados. No mercado de trabalho global preenchido pela mão de obra imigrante a noção clássica de trabalho não-qualificado é cada vez mais correspondente a categorias étnicas, em alguns casos sobrepostas ao género, e neste espaço o trabalho doméstico é um exemplo de ocupação tradicionalmente desqualificada e que tem vindo a constituir-se como nicho privilegiado de mão de obra imigrante como permitem verificar os dados relativos à imigração feminina brasileira[9].

Em paralelo a literatura sobre imigração continua a corroborar a ideia de uma forte interdependência entre a imigração e os setores da construção e dos serviços domésticos: por um lado, o surgimento de oportunidades de entrada no mercado de trabalho para os estrangeiros recém-chegados através destes setores; por outro lado, o próprio desenvolvimento desses setores como consequência e resultado de um fluxo contínuo de mão de obra estrangeira e de redes sociais que se vão estabelecendo em torno das oportunidades criadas dentro dos mesmos[10]. Resta perceber como se repercutirão nos setores, e nos imigrantes, os efeitos da atual crise financeira.

Para já, dados estatísticos recentes parecem confirmar uma esperada desaceleração nas entradas e no

---

[9] DIAS, Nuno (2010); "Género, mobilidades e serviço doméstico: números e tendências da imigração feminina em Portugal", WP 2010/06, Dinâmia'CET-ISCTE-IUL.

[10] RATH, Jan (2002); "A quintessential immigrant niche? The non-case of immigrants in the Dutch construction industry", *Entrepreneurship & Regional Development*, 14, 355-372.

envio das remessas por parte dos imigrantes coincidente com um fluxo de retorno aos países de origem ainda relativamente marginal, este contrariando alguma especulação mediático-política sobre um alegado retorno em massa dos imigrantes em consequência da conjuntura económica particularmente severa em território nacional[11]. Ao mesmo tempo já em 2009 o desemprego entre imigrantes aumentava mais entre a população não-imigrante (17% e 10% respetivamente)[12], traduzindo uma realidade na qual os setores em que a tendência de precarização das relações laborais é mais acentuada são aqueles nos quais os trabalhadores veem a sua condição incerta agravar-se mais abruptamente e eventualmente com menores probabilidades de recuperação a curto prazo, uma transformação em tudo semelhante ao que caracteriza genericamente o mercado de trabalho português mas com algumas nuances associadas à vulnerabilidade particular destas populações decorrente do seu estatuto e dos setores particulares, que referimos acima, nos quais se concentra uma parte significativa desta mão de obra.

---

[11] PEIXOTO, João (2011); *Crise, Imigração e Mercado de Trabalho em Portugal: Retorno, Regulação ou Resistência?*, Lisboa, Fundação Calouste Gulbenkian.

[12] Peixoto, *op. cit.*

Notas conclusivas

Em suma, o modo como a imigração e o mercado de trabalho se têm intersetado ao longo da história, em Portugal como na larga maioria dos contextos de receção de mão de obra imigrante, representam um espaço de análise crítica fundamental para compreendermos a natureza das forças por detrás dos modelos hegemónicos de organização das sociedades, e da própria atividade produtiva, e das relações de poder que os sustentam. Em particular num momento particular de profunda incerteza e insegurança em que os discursos dominantes no espaço mediático convergem num diagnóstico de inevitabilidade do esgotamento da capacidade de reclamação de direitos elementares por parte dos trabalhadores, é imperativa a reflexão crítica e a ação política sobre os processos que insistentemente têm mantido os trabalhadores imigrantes reféns de um estatuto secundário no mercado de trabalho.

Numa conjuntura global onde a nova economia da finança e da informação refundou padrões de valorização do trabalho, a "infraestrutura laboral"[13], de que fazem parte os trabalhadores da construção civil

---

[13] SASSEN, Saskia (1998); *Globalization and Its Discontents: Essays on the New Mobility of People and Money*. New York, New Press.

e as trabalhadoras domésticas imigrantes, raramente é reconhecida como parte integrante do sistema económico global, aumentando a distância entre trabalho valorizado socialmente e trabalho desqualificado. O modo como a economia informal, a economia étnica e a empresarialidade imigrantes são, em muitos casos, conceptualizadas, contribuem para uma autonomização analítica que separa estas realidades e os seus protagonistas dos processos mais amplos e legítimos da economia primária como se esse isolamento fosse um produto espontâneo de um mercado homeostático. Como salienta Sassen[14], os termos em que discutimos hoje a imigração e a etnicidade estão ainda largamente relacionados com processos históricos de globalização da atividade económica, cultural e da produção identitária; e com um consequente incremento da segmentação racial do mercado de trabalho cujo resultado não é reconhecido como fração das economias avançadas da era da informação. Estes são processos que redundam na sobrevalorização de determinadas atividades produtivas e na subvalorização de outras.

Mas, se por um lado, parece claro que a politização do fenómeno migratório marcou a temática durante a década de 90 e grande parte da década de 2000; também nos parece igualmente evidente a falta de

---

[14] Sassen, *op. cit.*, p. 87.

vontade dos institutos públicos hoje para escrutinar de modo rigoroso as condições em que trabalham parte significativa dos principais contingentes imigrantes ainda residentes em Portugal.

"PORTUGAL NÃO É UM PAÍS PEQUENO" RELOADED – "TERCEIRA VIA" OU DESPOLITIZAÇÃO DA DIFERENÇA?

NUNO OLIVEIRA

Desde a dicotomia clássica entre a nação étnica e a cívica proposta por Brubaker[1] – cuja fórmula original remonta a Fredrich Meineker e à distinção entre *Staatsnation* e *Kulturnation* –, até à mais refinada distinção entre o modelo Multicultural de Relações Raciais britânico e o Republicanismo Cívico Francês sugerido por Adrian Favell[2], as dicotomias, quer enquanto quadro político quer ideológico, têm sido utilizadas como grelha para interpretar os modelos de incorporação de imigrantes na Europa.

---

[1] BRUBAKER, Rogers (1992); *Citizenship and Nationhood in France and Germany*, Cambridge: Harvard University Press.

[2] FAVELL, A. (2001); *Philosophies of Integration: Immigration and the Idea of Citizenship in France and Britain*, London: Palgrave (2nd ed.)

Com efeito, a distinção entre estes modelos polares, ou como Favell mostrou, entre "filosofias de integração", tem funcionado como um excelente padrão interpretativo das lógicas de incorporação em ambos os países, a Inglaterra e a França respetivamente. Por um lado, é incontestável que as políticas de integração dirigidas para as populações pós-coloniais na Inglaterra foram significativamente motivadas por preocupações com a igualdade de oportunidades e disparidades raciais, ao passo que as políticas francesas foram sobretudo vocacionadas para a concessão de cidadania. Sucede que a lógica de igualdade de oportunidades que enquadrou as políticas públicas aplicadas aos imigrantes pós-coloniais levou a uma consciencialização crescente, por parte dos atores, dos direitos das minorias e do seu reconhecimento na esfera pública[3], enquanto no caso francês, o designado modelo assimilacionista, tendeu a impedir a expressão das minorias étnicas no espaço público.

---

[3] Ver SCHAIN, Martin (2010); "Managing Difference: Immigrant Integration Policy in France, Britain, and the United States", in *Social Research*, Vol. 77, Number 1/Spring, pp. 205-236; PERES, Hubert (2010); "Towards the End of National Models for the integration of Immigrants In Europe? Britain, France and Spain in Comparative Perspetive "in Adam Luedtke (ed.) *Migrants and Minorities: The European Response*, Cambridge Scholars Publishing, Newcastle, pp. 272-310.

"PORTUGAL NÃO É UM PAÍS PEQUENO"

Todavia, as coisas estão longe de serem assim tão lineares. Atualmente, o modelo francês deixou de ser exemplarmente republicano, constitutivamente mediado pelo laço cívico, estruturado este em torno da noção de igualdade cívica e na ideia constitucional de cidadania cívica – a sociedade dos cidadãos, na ilustrativa fórmula de Schnapper. A França tinha sido reconhecida como o modelo de integração de imigrantes republicano *par excelence*. Não apenas surgia esta sistematicamente em contraposição com o modelo multicultural inglês[4] como uma identidade nacional fortemente alicerçada no princípio de uma cidadania francesa de caráter aparentemente universal fazia deste país o campeão da integração republicana. Recentemente, no entanto, a etnicização dos seus espaços urbanos, a presença de imigrantes cuja especificidade não pode mais ser negada ou tornada invisível à luz dos princípios do individualismo republicano, trouxe para o centro dos debates sobre integração o reconhecimento das suas minorias, não mais possível de ser evitado enquanto estádio de latência incompleto no caminho para a plena cidadania francesa, supostamente alcançado pela via da naturalização,

---

[4] SCHNAPPER, Dominique (2007); *Qu'est-ce que l'integration?* Paris: Galimard; FAVELL, *op. cit.*; SOYSAL, Nuhoğlu Y. (1994); *Limits of Citizenship: Postnational Membership in Europe*, University of Chicago Press.

IMIGRAÇÃO E RACISMO EM PORTUGAL

espécie de alquimia da instituição republicana, que transforma estrangeiros em cidadãos, excluídos em incluídos. Como assinalou recentemente Fassin, o modelo republicano etnicizou-se[5].

O debate francês parece estar a ser feito consoante o mesmo registo que pode ser detetado nos primórdios da categorização étnica no Reino Unido. Por seu turno, o debate inglês parece mobilizar os mesmos argumentos das indefetíveis posições republicanas do passado em França. Em Inglaterra, as novas orientações vão no sentido da recuperação da coesão social que alguns acusam o multiculturalismo de ter destruído. As políticas passaram a ser norteadas pela ideia de núcleo cívico sobre o qual tem de haver um compromisso por parte de todos os grupos existentes na sociedade. Esta tendência é claramente assinalada pela criação da "Commission on Integration and Cohesion" no sentido de uma revisão do multiculturalismo existente. Esta revisão parece concentrar-se na melhor forma de evitar o fechamento comunitário.

O relatório Cantle de 2001 tinha dado o mote ao apontar a importância da "Community Cohesion" (coesão comunitária) apelando paralelamente para as autoridades terem em conta a emergência gradual no

---

[5] FASSIN, Didier (org.) (2010); *Les nouvelles frontières de la société française*, Paris: La Découverte

seio da sociedade britânica de "sociedades paralelas". A preocupação crescente com as tendências disruptivas no interior da sociedade britânica é amplamente demonstrada pela substituição da expressão emblemática do Relatório Parek de 2000, "unity through difference"[6] (unidade através da diferença) pela mais paroquial "community cohesion". O que esta substituição revela é que a diferença tinha deixado de ser vista de uma maneira tão celebratória. O *volte-face* verificar-se-ia com os motins em Bradford, Oldham e Burnley em 2001 que desencadearam uma reavaliação das políticas multiculturais.

Uma tal reavaliação, é certo, foi sendo acompanhada pelo reforço das medidas antidiscriminação, mas simultaneamente associadas a uma crescente preocupação com a "coesão social" assim traduzida pelo Cantle Report precisamente intitulado "Community Cohesion". O relatório foi lançado seis meses depois dos motins pela equipa chefiada por Ted Cantle. Este concluía que subjacente à onda de violência encontrava-se o facto de as minorias viverem "vidas paralelas".

Perante esta indefinição, tornou-se urgente reavaliar a operacionalidade destas dicotomias e a forma

---

[6] Parekh and Runnymede *Trust. Commission on the future of multiethnic britain*, 2000, p. 59.

como estas sobrevivem a profundas mudanças conjunturais que só tenuemente se articulam com as políticas de integração propriamente ditas. Em grande medida, a reavaliação desta dicotomia resultou da necessidade de inventar – e subsequentemente, materializar – um terceiro termo. Este terceiro termo é o interculturalismo. O interculturalismo surge assim como o terceiro termo de que falava Simmel, que na sua inspiração hegeliana refazia a dialética materialista em termos culturais. Segundo esta, quando acontecia existir um desajustamento entre as formas sociais e culturais, as últimas extravasavam o molde social e reorganizavam-se em novas expressões anunciadoras de uma mudança fundamental das velhas formas agora desadequadas. Esta interpretação é coincidente a um nível pragmático com aquilo que as autoridades públicas em Portugal designam por uma "terceira via" para a integração dos imigrantes. Um modelo que aparentemente se insere entre o estrito republicanismo com referência ao Estado-nação e a suposta fragmentação que o reconhecimento político e legal das minorias encerraria. Este modelo, de fluída parametrização, para além de se inferir da sua condição de "terceira via" um meio-termo que serve de transição mediadora entre os seus precedentes, encontra a sua caução pragmática num propalado interculturalismo da representação e presença das culturas imigrantes em Portugal. Embora este último conceito – inter-cultural – possua o seu próprio património teórico, não nos debruçaremos sobre esse historial, mas antes sobre a sua apropriação pelo discurso da integração dos imigrantes e as suas implicações no espaço de reconhecimento das populações imigrantes.

Ambiguidade

No que podemos identificar como uma primeira fase da imigração para Portugal, os fluxos migratórios provenientes de África e do Brasil tiveram um papel fundamental na redefinição da demografia e iden-tidade nacionais. Observa-se, como diversas vezes assinalado[7], uma estreita associação entre os fluxos migratórios que demandavam Portugal e o passado colonial. Durante a década de 80 e 90, os imigrantes

---

[7] BAGANHA, Maria Ioannis, e PEIXOTO, João (1997); "Trends in the 90's: the Portuguese migratory experience", in Maria Ioannis Baganha (ed.), *Immigration in Southern Europe*, Oeiras, Celta Editora, pp. 15-40; PIRES, Rui Pena (2003); *Migrações e Integração – Teoria e Aplicações à Sociedade Portuguesa*, Oeiras, Celta Editora; FONSECA, Maria Lucinda (2008); "Imigração, Diversidade e Novas Paisagens Étnicas e Culturais", in M. Lages & A. T. Matos (Coord.), *Portugal: percursos de interculturalidade*. Lisboa, Alto Comissariado para a Imi-gração e o Diálogo Intercultural (ACIDI, I.P.) e Centro de Estudos dos Povos e Culturas, pp. 49-56.

dos PALOP serão aqueles que observam maior crescimento. Paralelamente, e segundo Baganha, a combinação de um controlo fronteiriço cronicamente deficiente e de um apreciável contingente de pessoas ter perdido a nacionalidade portuguesa em virtude do decreto de lei 380/75 – que na prática revogava a lei da nacionalidade de 1959 –, constituirá um potenciador de situações de irregularidade. Pires dirá mais enfaticamente que a "história subsequente da imigração em Portugal" ficará indelevelmente marcada pelos efeitos deste decreto, sobretudo porque este "definiu as condições jurídicas e simbólicas de integração de futuros imigrantes"[8]. Em meados da década de noventa, mais de 56% da população estrangeira em território nacional era oriunda de África e do Brasil, sendo que os primeiros provinham maioritariamente de Cabo Verde, Angola e Moçambique. A adesão à então Comunidade Europeia e o fomento das obras públicas que se lhe seguiu consistiu o fator principal a desencadear estes fluxos. Esta primeira fase é igualmente caracterizada pela emergência das políticas de imigração em Portugal[9].

---

[8] PIRES, op. cit., p.128.
[9] ESTEVES, Maria do Céu (1991); (ed.) *Portugal, País de Imigração*, Lisboa: IED; Pires, *op. cit.*

"PORTUGAL NÃO É UM PAÍS PEQUENO"

O número de imigrantes, tanto legais como ilegais, aumentou gradualmente. No final da década de noventa, a população estrangeira a residir legalmente em Portugal cifrava-se em 200 000, o equivalente a 2% do total da população. A estes 2% conhecidos e registados, devemos acrescentar um número que era à data desconhecido de imigrantes indocumentados, que iria assomar com a primeira regularização extraordinária. Sucede que as estimativas em 1988 apontavam para um total de 600 000 imigrantes ilegais a residirem em Portugal. A primeira regularização extraordinária de 1992 confirmou amplamente estes números; de tal forma que imediatamente a seguir, em 1996, foi necessário proceder a uma segunda regularização extraordinária que iria revelar um novo contingente de 33 000 imigrantes em situação irregular.

As implicações destes dois processos de regularização extraordinária na institucionalização da política de integração são significativas. Primeiro, o processo de regularização deu azo ao envolvimento político dos representantes das populações imigrantes com o Estado; tendo este sido, não obstante, mediado por aquilo que Sidney Tarrow designou "aliados influentes", neste caso, deputados nacionais e membros da igreja católica. O estabelecimento desta embrionária estrutura de oportunidades terá reflexos diretos na constituição posterior do Alto-comissário para a Imigração e Minorias Étnicas, estrutura central na institucionalização reforçada das relações entre o Estado e as populações imigrantes. O primeiro incumbente do cargo foi justamente um dos deputados do Partido Socialista mais ativos nas lutas pela legalização. É também uma das figuras principais da ala católica do PS. A importância da Igreja Católica em questões de integração de imigrantes será doravante crucial.

Segundo, a despeito de uma narrativa oficial que assevera o consenso político permanente em matéria de política de imigração e de integração dos imigrantes, facto é que no início o consenso estava longe de ser adquirido. Seguramente não houve aproveitamento político em termos de retórica nacionalista, de tonalidades racistas, glosando o tema dos "river of bloods" invocados com dramaticidade populista por Enoch Powell na Inglaterra pós-colonial. Contudo, o então partido no governo, o PSD, pela voz do então Ministro da Administração Interna, Dias Loureiro, opunha-se obstinadamente à regularização extraordinária, equacionando imigração com insegurança e desordem.

O terceiro aspeto, permite, quanto a nós, compreender como o consenso que irá futuramente vigorar se sobrepõe e ajusta a esta resistência inicial. É que este consenso era em grande medida sustentado numa matriz simbólica configurada em torno da afinidade histórica entre Portugal e os seus "outros" pós-coloniais. Com efeito, quer ao nível do discurso político quer da produção legal, o reconhecimento de um laço especial que alegadamente une os portugueses aos imigrantes dos PALOP constitui a matriz que enquadra as políticas de imigração e mais ainda de integração. Apesar do conjunto de restrições exigido pelo acordo de Schengen de 1996, Portugal manteve uma abordagem globalmente dualista aos seus imigrantes: por um lado, o reforço do controlo e da legalização decorrente da aplicação das regras de Schengen; por outro lado, um leque de concessões – que não foram certamente desmobilizadores das orientações de Schengen – que atribuíam um estatuto especial aos imigrantes dos PALOP. Isto surge claramente no enquadramento legal das duas regularizações extraordinárias, no qual é concedido uma extensão temporal aos imigrantes dos PALOP relativamente a todos os outros. É também explícito em diversas declarações parlamentares onde a "vocação africana de Portugal" é por diversas vezes invocada. Foi justamente nestes termos que o então governo social-democrata explicitaria este compromisso. Nas palavras de Calvão e Silva, deputado do PSD, Portugal teria que se ajustar entre um "Portugal europeu" e a "vocação africana e atlântica":

"Vemos este Tratado da União Europeia (...) como um desenvolvimento e um aprofundamento de Portugal, o Portugal europeu, que é a sua âncora, que em nada enfraquece a vocação africana e atlântica do nosso país. Também por essa razão, a fronteira dos direitos políticos, inclusive, alarga-se e expande-se, indo ao encontro do Portugal das Sete Partidas do Mundo, do Portugal de cultura universal." [10]

Acresce que, a sustentar esta matriz, existe todo um discurso que estrutura esta dualidade do período pós-colonial: a Lusofonia. De acordo com Miguel Vale de Almeida, esta matriz cultural reflete fielmente o velho luso-tropicalismo de Freyre, mas na sua forma pós-colonial teve que abandonar o principal "tropo" do luso-tropicalismo colonial e substituí-lo pela hiper--identificação com a língua. Desta forma, a lusofonia seria o avatar pós-colonial da crença no excepcionalismo colonial português.

Não obstante, a diversidade cultural começa a ter as suas primeiras traduções institucionais através da representação das comunidades imigrantes nos Conselhos para as Minorias Étnicas em alguns municípios da área metropolitana de Lisboa. Diversamente designados por Conselho Consultivo para as Minorias Étnicas (Lisboa), Gabinete para Assuntos Religiosos

---

[10] *DAR*, junho de 1996, Calvão da Silva (PSD), p. 2909.

"PORTUGAL NÃO É UM PAÍS PEQUENO"

Específicos (Loures), Conselho Municipal dos Imigrantes e Minorias Étnicas do Concelho de Sintra (criado em 2008, mas nunca implementado) o estabelecimento destes organismos decorre da lógica de procura de interlocutores privilegiados que pudessem fazer a ponte entre as diversas populações imigrantes e o Estado. É uma lógica de institucionalização das associações imigrantes através da criação de estruturas de oportunidade de natureza política. Mas o que todos eles carrearam desde o início foi um indisfarçável desconforto com o estatuto de minoria étnica que, como é sabido, não possui qualquer enquadramento legal e é por conseguinte totalmente inoperante.

Este desconforto é desde cedo sentido pelas autoridades encarregues pela política de integração, quer a nível nacional quer local. Como assinalado no relatório de atividades do ACIME de 1996-1999, intitulado "Integração dos Imigrantes e Minorias Étnicas", o estado português admitia que "os novos desafios colocados a Portugal enquanto país de imigração exigem medidas para a integração das famílias de imigrantes e minorias étnicas na sociedade, no sentido de evitar situações de discriminação que possam levar ao racismo e xenofobia". Na esteira deste desiderato, o MAI edita em 1998 um conjunto de documentos de orientação para a GNR e PSP cujo título era *Imigrantes e Minorias*, em antecipação à implementação da Lei 139/99, de 28/08, a Lei Antidiscriminação[11]. Tornava-se então imprescindível preparar as forças de segurança para a aplicação da lei e disso mesmo dá conta o Seminário organizado quatro anos depois sob o título "Seminário Internacional Culturas e Segurança. Racismo, Imigrações, Jovens em Grupo"[12]. Para além da preocupação coeva com o clima de "Choque de Civilizações", partilhada por todos os participantes, e que então constituía a codificação ideológica onde se informava a discussão da diversidade, o diagnóstico segundo o qual estaríamos a assistir à criação de mini-ilhas de exclusão social produtoras de irredutibilidades étnicas era, concomitantemente, largamente partilhado. O então Alto-Comissário José Leitão referia-se a estes espaços de exclusão e segregação potencialmente perigosa como "mini-ilhas étnicas". [13]

Esta preocupação com o potencial separatismo e coalescência identitário por parte das populações migrantes é transversal ao discurso do Alto-

---

[11] Ver Revista do MAI "Formação à Distância" (Texto de Apoio B "ENVOLVENTE SOCIAL IMIGRANTES E MINORIAS ÉTNICAS" – GNR/PSP), dezembro de 1998.

[12] Vide publicação da IGAI "Seminário Internacional Culturas e Segurança. Racismo, Imigrações, Jovens em Grupo" (outubro de 2001). http://www.igai.pt/publicdocs/Intervencoes_Seminario2001.pdf (acedido em 23/03/2011).

[13] Id., ibidem, p. 143.

"PORTUGAL NÃO É UM PAÍS PEQUENO"

-Comissário na sua primeira fase. O entendimento do que deveria ser um modelo de integração de imigrantes passava pela promoção do interculturalismo e da cidadania ativa, tendo em atenção os princípios constitucionais de igualdade, não discriminação e igualdade de direitos e deveres entre cidadãos e estrangeiros. A integração dos imigrantes deveria por conseguinte ser "baseada no valor da cidadania individual" o que significava "recusar as tendências para a segmentação decorrentes quer de reações xenófobas quer dos erros do multiculturalismo, ambos convergentes para a valorização positiva da etnicidade" e contrárias a "uma conceção cosmopolita da nação"[14].

Se a diversidade cultural era alguma coisa, esse algo não admitia minorias étnicas. Se assim era, o COCAI (Conselho Consultivo para as Associações Imigrantes) assumiria, em princípio, um estatuto anómalo. Na medida em que os seus interlocutores, representantes com assento no Conselho, constituíam (e constituem) representantes de comunidades étnicas, que assim se identificam e assim são identificados.

A essa indefinição não será alheio o facto de o Conselho Consultivo ter sido regulamentado primeiro que a existência de um regime jurídico das associações imigrantes, que são seus membros efetivos. A lei que

---

[14] Editorial do Boletim Informativo nº 46, agosto de 2000.

61

assim o define, Lei 115/99 de 3 de agosto, evita deliberadamente o termo minoria étnica, substituindo-o pelo de "comunidade imigrante" e seu representante. Aqui, a representação seria assegurada por uma mistura entre nacionalidade e origens étnicas.

Clarificação?

Com o alargamento europeu e a diversificação da geografia dos fluxos migratórios, seria expectável uma quebra definitiva no consenso político alicerçado numa matriz pós-luso-tropical. Particularmente, porque uma terceira vaga migratória composta por imigrantes provenientes do leste europeu, *prima facie*, não se ajustaria a uma tal matriz simbólica com as suas implicações políticas. Todavia, o consenso político manteve-se. Com a exceção de algumas declarações contra os trabalhadores imigrantes, de pendor populista e xenófobo, proferidas pelo então líder do Partido Popular, prontamente mitigadas pelos sociais-democratas seus parceiros de coligação, nenhum desacordo de fundo emergiu em torno de questões de política de imigração ou de integração de imigrantes. Se é verdade que um partido político com uma retórica radicalmente anti-imigração emergiu na cena política nacional (o Partido Nacional Renovador) não deixa de ser notável que este tenha granjeado muito pouco apoio eleitoral, contrariamente a tantas outras experiências europeias.

Por outro lado, em 2004 com a substituição do Alto-comissário e o alargamento dos seus poderes e capacidades (entre elas um orçamento significativamente incrementado), um novo discurso passou a fazer parte dos repertórios institucionais do Estado. Num dos primeiros textos publicados pelo Observatório da Imigração, intitulado *Políticas de gestão da diversidade étnico-cultural – Da assimilação ao Multiculturalismo*[15], o então recentemente empossado Alto-Comissário, Rui Marques, definia em traços gerais um modelo português de gestão étnico-cultural que contemplava a "defesa" das identidades grupais étnico-culturais, mesmo que "divergentes ou conflituantes com a da sociedade de acolhimento", sem deixar de colocar como imperativo a proteção da coesão social, estribada numa aceitação comum dos preceitos mais universais dos Direitos do Homem. Sem dúvida resultado da crescente diversidade da população imigrante, identificada pela maioria dos autores como um "terceiro ciclo" migratório que, aos anteriores fluxos – primeiro de africanos dos PALOP e Brasileiros, depois de Asiáticos –, veio acres-

---

[15] http://www.oi.acidi.gov.pt/docs/rm/multiculturalismo.pdf (acedido em 25/03/2012)

centar a imigração do Leste Europeu, por um lado; e, por outro, decorrente de uma extensa produção internacional de diretivas e relatórios em torno da defesa da diversidade cultural, este renovado interesse no caleidoscópio identitário deixava no entanto patente um reforço na dimensão étnico-cultural dos grupos imigrantes como elemento de reconhecimento político-ideológico na sociedade portuguesa. De tal forma que o artigo colhe em grande medida a inspiração em muitas das teorias multiculturais e, mais evidente, nos modelos nacionais multiculturais, como seja o caso do Canadá ou da Austrália.

Sem nunca deixar de enfatizar a dimensão mais universalista da cidadania propriamente dita, e recusando, paralelamente, uma versão excessivamente culturalizada do multiculturalismo, a perspetiva que ficava agora expressa como sendo a orientação ideológica e pragmática para o futuro da integração dos imigrantes, assumia concretamente o reconhecimento identitário das minorias étnicas.

Provavelmente, na gestão da diversidade étnico--cultural, o caminho menos imperfeito é o proposto pelo multiculturalismo, se assumido como "projeto em permanente construção", na consolidação do diálogo aberto e mutuamente respeitador, entre diferentes culturas presentes numa sociedade (...) Para as minorias étnicas resultará encorajador ter um

"PORTUGAL NÃO É UM PAÍS PEQUENO"

pleno acesso a uma participação social sem ter que abdicar da sua identidade e para a população nativa é importante sublinhar não só a dimensão da tolerância perante a diversidade étnico-cultural mas também as vantagens evidentes de uma sociedade multicultural[16].

Esta tónica da condição multicultural portuguesa irá ser reiterada em diversas ocasiões. Numa outra, posterior, comunicação do Alto-Comissário, a ideia é expressamente reproduzida. Numa comunicação de 2004, com o sugestivo título "O regresso das caravelas e a missão ao serviço do acolhimento" – sugestivo na medida em que ecoa a velha retórica da vocação e missão nacionais – no subcapítulo "Portugal Multicultural e Acolhedor", afirma-se perentoriamente que "O multiculturalismo é a via que defendemos para Portugal"[17]. E acrescenta-se que "importa assumir esta opção nacional pelo multiculturalismo como "projeto em permanente construção", no diálogo entre as diferentes culturas presentes na sociedade.

---

[16] Rui Marques, *op. cit.*, p. 19.

[17] Comunicação sob o título "O Regresso das Caravelas e a Missão ao serviço do Acolhimento na Europa", apresentada nas Jornadas Missionárias Nacionais de 2004 (http://www.capuchinhos.org/index.php?option=com_content&view=article&id=1352:o regresso-das-caravelas-e-a-missao-ao-servico-do-acolhimento-na--europa&catid=140:estudos-e-artigos&Itemid=516).

Estranhamente, no momento em que este encómio ao "multiculturalismo" estava a ser feito pelo principal responsável pela política de integração em Portugal, o Estado via-se livre da noção de "minoria étnica", substituindo-a por diálogo intercultural, desaparecendo da designação do alto-comissariado a expressão "minorias étnicas". Esta opção deve ser lida como tendo por pano de fundo esse desconforto político com a ideia de minoria étnica que perpassa por todos os altos-comissários. A razão invocada prendia-se – e ainda se prende – com a afirmação de que não existem minorias étnicas em Portugal. Como tal, a opção melhor ajustada a um entendimento político e legal de integração foi uma combinação entre representação nacional e étnica, salvaguardando assim o princípio constitucional que proíbe qualquer tipo de categorização étnica e, por conseguinte, reconhecimento. Ao assumir o princípio de uma representação nacional, a dimensão étnica e, em particular, racial, foi preterida enquanto mediador simbólico e político.

Em suma, o que quer que este "multiculturalismo" celebratório representasse, não compreendia seguramente o reconhecimento de minorias étnicas ou de grupos raciais. Outrossim, foi definido como uma "polinização de culturas" o que significava "lançar pontes entre culturas diferentes" sem as isolar em "sociedades paralelas". Neste sentido, replicava o tema do perigo da constituição iminente de "parallel societies" enfatizado no "Save Haven report" das autoridades inglesas a que fizemos referência no início. Refletia igualmente a preocupação com a possibilidade da existência de minorias étnicas a viverem à margem da sociedade de acolhimento, recusando o pacto liberal de obediência à lei, aceitando paralelamente que a sua cultura tivesse espaços onde se manifestar. Todavia, esta abordagem possui as suas peculiaridades, que a constituem enquanto específica do contexto português. Uma tal especificidade deve, a nosso ver, ser enquadrada no pendor católico de todos os altos--comissários até à data.

Como parte da "missão do estado" no acolhimento dos imigrantes (e a expressão é frequentemente usada e foi o título do Primeiro Plano para a Integração de Imigrantes) é sua obrigação promover e assegurar a tolerância. Nesta visão, a tolerância é o que constitui o "cimento" do tecido social. A talhe de foice, Zizek, no seu libelo contra o multiculturalismo, ausculta naquilo que designa por "paradigma liberal culturalista" uma nova forma de racismo, um racismo que tolera o outro e que faz dessa tolerância uma forma de superioridade etnocêntrica[18]. A ênfase na tolerância como esteio da

---

[18] ZIZEK, Slavoj (1997); "Multiculturalism, or, the cultural logic of multinational capitalism", in New Left Review I/225 Sept.-Oct., pp. 28-51.

relação social implica, a um outro nível, que o racismo, a discriminação e a desigualdade racial sejam considerados fenómenos individuais que podem ser erradicados com a medida certa de indulgência, medida essa que o Estado terá por incumbência dosear.

É neste preciso sentido, que o multiculturalismo assim entendido não era um multiculturalismo de índole política, cujos exemplos podemos encontrar, por um lado, nas propostas de Kymlicka, quanto à reformulação e acomodação de procuras políticas propriamente étnicas e culturais, como exemplificado pela consagração de direitos grupais, no interior do paradigma liberal[19]; por outro, nas suas formulações mais radicais ou, na aceção de McLaren e Nash, teórico-críticas, com a sua ênfase na reavaliação do paradigma ocidental enquanto codificação hegemónica de uma hierarquização entre culturas e nas lutas pela construção de uma identidade positiva do sujeito subordinado. Tão-pouco era um multiculturalismo de inscrição de movimentos sociais identitários na esfera pública, de uma política de *empowerment* e de combate à discriminação e desigualdade estrutural, impulsionada por organizações de base. O multiculturalismo que era assim definido como "projeto

---

[19] KYMLICKA, Will (1995); *Multicultural Citizenship: A Liberal Theory of Minority Rights*, Oxford: Oxford University Press.

nacional" estriba-se na lógica da tolerância, na "razão ecuménica".

Esta presumível mudança de paradigma na integração dos imigrantes – essa "terceira via" que se coloca entre o multiculturalismo "fragmentário" e o excesso assimilacionista republicano – deve ainda assim, em nossa opinião, ser entendida tendo por referência a matriz ideológica descrita em cima. Tendo em conta aquilo que Benoit de L'Estoile designou por "heranças coloniais"[20] – a presença do passado colonial no presente pós-colonial – o interculturalismo opera, para o caso português (mas seria eventualmente extensível para outros países com um passado colonial, como Espanha por exemplo) enquanto *ersatz* do luso-tropicalismo. Definido enquanto encontro de culturas que, sublinhe-se, se respeitam (toleram) mutuamente, é tido por particularmente profícuo em solo nacional (se nos é permitida a metáfora com conotações telúrico-fundacionais) por causa dessa mesma presteza em aceitar o diferente, o outro, que Portugal – e os portugueses – carregam na sua matriz cultural. É neste sentido que diversos atores públicos têm referido a "matriz histórica" que faz com que Portugal seja especialmente dotado para

---

[20] De L'Estoile, B. (2008); "The past as it lives: an anthropology of colonial legacies", *Social Anthropology*, vol. 16, n.º 3, pp. 267-279.

receber estrangeiros. Recentemente, o coordenador do Observatório da Imigração, Engenheiro Roberto Carneiro, colocava Portugal no panteão dos pioneiros do interculturalismo e antecipava o regresso a essa posição no que ao diálogo intercultural diz respeito: "(...) diálogo intercultural de que Portugal tem sido pioneiro, e poderá voltar a ser, no sentido de abrir uma fase desse diálogo"[21].

Ora, para concluir, o que é que surge como particularmente paradoxal nesta "terceira via"? Aquilo que era veementemente rejeitado no multiculturalismo, ou seja, o medo que o fechamento identitário pudesse levar a um enfraquecimento, no limite, a uma quebra radical, na coesão social, surge como o único canal de representação das minorias étnicas no espaço público. Sem qualquer inscrição normativa ou política, o interculturalismo, entendido desta forma, torna-se excessivo na sua dimensão simbólica. A identidade cultural, seja ao nível sistémico ou social de integração, ocupa o único espaço possível de inscrição pública, não deixando qualquer lugar para reivindicações de natureza económica ou social. Neste sentido, é paradoxalmente a identidade que é hipostasiada, não deixando qualquer espaço para reivindicações materiais. Porém, não se trata de uma identidade agencial, ou tão-pouco

---

[21] B-i Nº 92, ACIDI, Out/Nov/Dez de 2011, p. 9.

"PORTUGAL NÃO É UM PAÍS PEQUENO"

agenciada, por movimentos sociais que lutam pela inscrição de determinadas procuras políticas. Outrossim, é uma presença despolitizada, mediada por uma ideologia de culturalização patrocinada pelo Estado, na qual questões como desigualdade económica e social, discriminação e racismo, exclusão legal e consequente fragilização da cidadania, não encontram qualquer eco.

CRIMINALIZAÇÃO DOS FENÓMENOS MIGRATÓRIOS

MÓNICA CATARINO RIBEIRO
e **SARA DIAS DE OLIVEIRA**

Imigração: Problema ou Necessidade?

Nos últimos anos o fenómeno das migrações tornou-se tema comum, especialmente nos discursos políticos que da direita à esquerda esgrimem argumentos quase sempre baseados em dicotomias redutoras legal/ilegal, nacional/estrangeiro, cidadão comunitário/cidadão de país terceiro... Estes conceitos perpetuam-se e ganham corpo nos sistemas legais e consubstanciam uma discriminação político-legislativa com origem em ideias que prevaleceram na história e nas mentes sobre civilizações superiores e inferiores.

A história recente que a Europa produziu e projectou sobre si mesma é a do modelo civilizacional que coloca os imperativos éticos à frente dos económicos, que defende a vida, a democracia e a liberdade individual, que se propõe como alternativa ao cinismo consumista do modelo norte-americano[1].

No entanto, na Europa de hoje, a imigração e os imigrantes são vistos com uma dupla representação que carece de coerência lógica. A Europa olha para os imigrantes como um activo económico, mão-de-obra necessária e fundamental não só para o desenvolvimento económico dos Estados, mas também como garante da sustentabilidade dos sistemas europeus, em particular no que diz respeito ao equilíbrio entre população activa e não activa.

O relatório da Divisão da População da ONU[2] veio confirmar aquilo que já muitos estudiosos e organizações não governamentais vinham dizendo: para manter a população, a força de trabalho, os serviços sociais aos níveis actuais, a União Europeia necessita de 159 milhões de imigrantes até ao

---

[1] ALVARENGA, Carlos; "Reflexão sobre a História e Migração em Portugal", *in* A Imigração em Portugal, SOS Racismo, Novembro 2002.

[2] *Replacement Migration: Is it a Solution to Declining and Ageing Populations?*, Março de 2000.

CRIMINALIZAÇÃO DOS FENÓMENOS MIGRATÓRIOS

ano 2025. Uma menor imigração significará sempre a alteração do sistema de pensões e do bem estar social dos países mais industrializados. A situação é particularmente difícil para a Europa, o Japão e a Coreia do Sul. No caso da União Europeia, os cálculos indicam que para evitar o declínio populacional seriam necessários 47,4 milhões de imigrantes nos próximos 50 anos. Desses, 17 milhões deveriam ir para a Alemanha.

No entanto, se, mais do que lutar contra o envelhecimento da população, o objectivo for manter a relação entre activos e idosos, a UE precisaria, no mesmo período, do impressionante número de 674 milhões de imigrantes. O declínio da fertilidade e o aumento da esperança de vida nos países industrializados implicam um aumento do número de pensionistas, suportado por uma cada vez menor força de trabalho. Para Portugal isso significa que os actuais 4,3 activos por idoso transformar-se-iam em apenas 1,7.

Segundo o mesmo relatório da ONU, sem a imigração, a população portuguesa nos próximos 50 anos desceria para 8,3 milhões de habitantes. Além disso, as projecções indicam que haverá uma redução de um terço, no número de activos, pessoas entre os 15 e 65 anos, e um aumento dos idosos superior a 50%. As pessoas com idade activa passariam de 6,7 milhões para 4,5 milhões e os idosos de 1,6 para 2,5 milhões.

Tal como vimos acima, os actuais 4,3 activos por idoso transformar-se-iam em apenas 1,7[3].

Do Paradigma Securitário à Arbitrariedade Judicial

Em Portugal, a visão utilitária e economicista da imigração, patente e clara em especial no regime de entrada, permanência, saída e afastamento de estrangeiros do território nacional, foi claramente assumida com a introdução de um sistema de contingentação de mão-de-obra estrangeira legalmente autorizada a trabalhar em Portugal (comummente conhecido como sistema de quotas), através da previsão anual das oportunidades de trabalho existentes e dos sectores de actividade onde se verificam[4].

Em contraponto, a Europa encara a imigração e os seus actores como um fenómeno que merece redobradas atenções securitárias, sendo constantemente (ora de forma mais óbvia ora de forma mais velada), associado ao crime, seja ele o terrorismo, o tráfico de pessoas, a prostituição e o lenocínio, etc., fazendo sentir,

---

[3] Público, 26.02.2000

[4] Alteração introduzida pelo D.L. n.º 4/2011, de 10 de Janeiro ao D.L. n.º 244/98, de 8 de Agosto, que estabelece o regime jurídico de entrada, permanência, saída e afastamento de cidadãos estrangeiros do território nacional.

CRIMINALIZAÇÃO DOS FENÓMENOS MIGRATÓRIOS

ver e viver a imigração como algo intimidante e ameaçador. Esta visão tem conduzido a uma criminalização
imigração, que se vem espelhando no acervo de disposições legais, havendo vários exemplos do que se afirma.

Aquando do segundo processo de regularização
extraordinária em Portugal[5], foi considerado requi-
sito para a atribuição de autorizações de residência
definitivas (o que seria possível três anos após a concessão de autorizações de residência anuais e provisó-
rias), que o cidadão estrangeiro não tivesse cometido
nenhum crime. Segundo afirmações do então Ministro Alberto Costa, esta medida é *um estímulo ao cumprimento da lei* por parte dos estrangeiros. No entanto,
questiona-se porque razão os estrangeiros precisam
de estímulos para cumprir a lei. Aparentemente, há
quem entenda que a simples condição de estrangeiro
torna uma pessoa num potencial criminoso.

A imagem de uma Europa *invadida* por imigrantes
está consagrada no conjunto de diplomas legais que ao
longo dos anos são cada vez mais restritivos à entrada
e permanência de cidadãos não comunitários no
Espaço Schengen (uma nova construção de espaço).

---

[5] A proposta de lei foi aprovada unanimemente pelo Parlamento,
tornando-se na Lei n.º 17/96, de 24 de Maio. O segundo processo
de regularização extraordinária decorreu entre 11 de Junho de 1996
e 31 de Dezembro de 1996.

IMIGRAÇÃO E RACISMO EM PORTUGAL

As restrições à entrada e permanência de estrangeiros no espaço comunitário têm-se acentuado nos últimos anos, com as sucessivas alterações aos regimes jurídicos que as regulam. A consagração de tais restrições nem sempre é óbvia, mas da análise atenta das disposições legais resulta que são reais, intencionais e servem propósitos pouco dignos quando analisados à luz dos direitos humanos e sociais.

Recentemente foi aprovada na generalidade a proposta de lei apresentada pelo governo para alteração do regime jurídico de entrada, permanência, saída e afastamento de estrangeiros do território nacional. Não obstante aí se referir como missão fundamental o reforço da integração dos imigrantes, certo é que as alterações preconizadas, muito por via da transposição de directivas comunitárias, mormente a Directiva Retorno, reflectem uma política securitária com elevado pendor criminalizador dos imigrantes em situação irregular no território nacional.

A alteração legislativa agora levada a efeito poderia e deveria ter corrigido o que se revelou durante a vigência da lei como injusto e, nalguns casos, na nossa opinião, ilegal, concretamente no que aos requisitos para obtenção de autorização de residência para exercício de actividade profissional subordinada concerne. Não o tendo feito, aproveitando o Governo Português este impulso legislativo para proceder a alterações

CRIMINALIZAÇÃO DOS FENÓMENOS MIGRATÓRIOS

pontuais ao diploma decorrentes essencialmente da avaliação que fez da sua execução, manteve-se a regra da proibição explícita de empregos de estrangeiros não regularizados, tolerando-se, no entanto, que estes trabalhem desde que paguem a segurança social. Concordamos, naturalmente, com o pagamento dos impostos e segurança social decorrentes de quem trabalha. Já não podemos concordar, no entanto, com a manutenção da situação irregular, não obstante o contributo em igualdade de circunstâncias com os cidadãos nacionais, porquanto, tal realidade não isenta os cidadãos estrangeiros ainda não regularizados do afastamento do território nacional. E esta situação irregular, ao invés de ficar na esfera administrativa, sujeita os cidadãos estrangeiros a medidas de coacção próprias do direito penal. Não se compreende o merecimento de tutela penal de um estrangeiro em situação irregular no território nacional quando não está em causa a prática de qualquer crime, mas apenas o exercício de uma actividade profissional subordinada que a lei admite ou tolera mediante pagamento de impostos, sem que, no entanto, confira quaisquer garantias a quem cumpra com ela.

Neste sentido, houve um agravamento dos fundamentos da decisão de afastamento coercivo assentes em conceitos demasiado vagos e indeterminados e, como tal, sujeitos à discricionariedade e arbítrio do seu decisor, em claro prejuízo das garantias dos cidadãos estrangeiros. A nova versão da lei já não exige a prática de factos que atentem contra a ordem pública ou segurança nacional, bastando-se com a ameaça para legitimar uma decisão de afastamento do território nacional por via administrativa, sem que, no entanto, se defina as condições de tempo, modo e lugar de tal ameaça.

A situação é tanto mais grave quanto a lei não faz qualquer distinção entre cidadão estrangeiro em situação regular ou irregular que constitua ameaça para a ordem pública ou segurança nacional, atribuindo indistintamente competência ao director nacional do Serviço de Estrangeiros e Fronteiras para promover o afastamento coercivo do território nacional. Tal solução legislativa colide com princípios constitucionais que exigem que a expulsão seja por via judicial, quando o cidadão estrangeiro tenha entrado ou permaneça legalmente em território nacional, que tenha obtido autorização de residência ou que tenha apresentado pedido de asilo não recusado. A este propósito também se dirá que o afastamento coercivo e a expulsão se equivalem, apenas se diferenciando ao nível externo no que à competência para a sua aplicação concerne, aquele por via administrativa e esta por via judicial.

Ficou também por definir nesta nova versão da lei o que são 'factos puníveis graves' ou 'de que tenciona

CRIMINALIZAÇÃO DOS FENÓMENOS MIGRATÓRIOS

praticar tais factos' que, uma vez mais, legitimam decisão administrativa ou judicial de afastamento do território nacional.

Matérias de evidente sensibilidade como estas mereceriam por parte do Estado português políticas mais garantísticas do pleno respeito dos direitos fundamentais e da dignidade da pessoa humana, ao invés de deixar ao livre arbítrio e discricionariedade do decisor conceitos tão abertos, especialmente quando se trata de legislação sujeita a tantas alterações, as quais dificultam a sedimentação de correntes interpretativas e jurisprudenciais e das práticas administrativas e policiais. Tal como se encontra redigida a proposta de lei recentemente aprovada, a mesma não tem qualquer indicação concreta sobre a expressão 'existência de fortes indícios da prática de factos puníveis graves', pelo que a resposta há-de ser dada por normas comunitárias. A título de exemplo, refere-se que a Convenção de Aplicação do Acordo de Schengen determina que o crime passível de uma pena de prisão de pelo menos 1 ano pode levar a uma decisão de não admissão. Por seu turno, para a Convenção da ONU Contra o Crime Organizado Transnacional, ao crime grave corresponde pena de prisão de máximo igual ou superior a 4 anos. A manifesta diferença de uma e outra convenção pode legitimar decisões mais ou menos gravosas consoante quem decide em determinado momento. Sem a consagração legal de limites mínimos a partir dos quais determinado facto punível é considerado grave, uma política menos garantística como esta revela ser, poderá conduzir a um aumento significativo de afastamento coercivo de cidadãos estrangeiros do território nacional, ainda que justificado por lei, mas eventualmente, sem cuidar da justiça social assente em critérios de adequação e proporcionalidade. E, se a este circunstancialismo juntarmos uma criminalização vaga e imprecisa no plano das intenções que não tem correspondência nos factos merecedores de tutela penal, é bom de ver que a política de integração dos cidadãos estrangeiros tantas vezes referida na exposição de motivos não tem qualquer resultado prático.

Os factos merecedores de tutela penal e, como tal, criminalizados no nosso ordenamento jurídico exigem para que a tentativa seja punível a prática de actos de execução. E, ainda assim, nem todos esses factos admitem punição da tentativa. Pelo que, não se compreende, a não ser por razões de manifesta criminalização dos cidadãos estrangeiros, que uma eventual intenção venha a ser criminalizada e a determinar expulsão do território nacional. O tratamento desigual dado por esta alteração legislativa, em manifesto prejuízo dos cidadãos estrangeiros, demonstra inequivocamente que se pretende punir mais gravosamente cidadãos estrangeiros

CRIMINALIZAÇÃO DOS FENÓMENOS MIGRATÓRIOS

de estados terceiros, independentemente de se encontrarem em situação (ir)regular no território nacional.

A situação é tanto mais grave quanto é certo que antes da transposição da *Directiva Retorno* (ou da Vergonha, como também veio a ficar conhecida), o Estado Português já havia legislado sobre a entrada, saída, permanência ou afastamento do território nacional de cidadãos estrangeiros. Independentemente das críticas que possam existir à legislação ainda vigente sobre esta matéria é indubitável que o seu regime é mais favorável aos cidadãos estrangeiros, pelo que o Estado Português poderia ter feito uso do mecanismo da derrogação prevista na referida directiva, mediante aprovação ou manutenção de regime mais favorável, desde que compatível com a legislação comunitária. Não o fez. Optou pela transposição da directiva. Optou por um regime menos garantístico e mais securitário. É caso para dizer, mais vale nunca do que mais tarde.

Contra o Racismo: Da Legislação e da sua Falta de Consequências

Analisados os instrumentos legais do ordenamento jurídico português nas áreas da luta contra o racismo e não discriminação racial ou étnica, verifica-se que, quase sem excepção, existem normas anti-discriminação em quase todos os diplomas legais. Desde logo, a proibição da discriminação está patente na *Constituição da República Portuguesa* que, baseando-se no princípio da dignidade humana, prevê um leque de direitos, liberdades e garantias que devem ser aplicados de acordo com o princípio da igualdade. De acordo com o princípio constitucional da igualdade de direitos entre cidadãos nacionais e estrangeiros (art. 15.º), prevalece um princípio de equiparação de direitos e deveres revelando-se como verdadeira cláusula ampliativa de direitos a todos os estrangeiros e apátridas. Bem como em diplomas tão transversais como o *Código do Procedimento Administrativo*, a *Lei dos Partidos Políticos*, o *Código da Publicidade*, o *Estatuto das Instituições Particulares de Solidariedade Social*, a *Lei de Cooperação Judiciária Internacional*, entre outros.

Portugal também ratificou vários instrumentos internacionais, como por exemplo, a *Convenção Internacional para a Eliminação de todas as Formas de Discriminação Racial*, a *Convenção relativa aos Trabalhadores Migrantes*, a *Convenção n.º 143 da O.I.T.*, a *Convenção Europeia Relativa* ao *Estatuto Jurídico do Trabalhador Migrante*, entre muitos outros.

No contexto do reforço da sua dimensão social, a União Europeia tem vindo, nos últimos anos, a dedicar maior atenção à luta contra todas as formas de discriminação. Este processo ganhou ímpeto no ano

CRIMINALIZAÇÃO DOS FENÓMENOS MIGRATÓRIOS

de 1999 com a entrada em vigor do Tratado de Amsterdão e, em 2000, com adopção de um conjunto de medidas anti-discriminatórias e com a proclamação solene, em 7 de Dezembro do mesmo ano, da *Carta dos Direitos Fundamentais da União Europeia*. Neste sentido foi aprovada a Directiva 2000/43/CE do Conselho, de 29 de Junho, que aplica o princípio da igualdade de tratamento entre pessoas, sem distinção de origem racial ou étnica, tendo por objectivo estabelecer um quadro jurídico para o combate à discriminação, a Directiva 2000/78/CE, do Conselho, de 27 de Novembro, que estabelece um quadro geral de igualdade de tratamento no emprego e na actividade profissional, a Directiva 2005/71/CE, do Conselho relativa a um procedimento específico de admissão de nacionais de países terceiros para efeitos de investigação científica, entre muitas outras.

A partir de 2000, com o aparecimento de directivas e decisões comunitárias e a necessidade de transposição das directivas houve um incremento da produção legislativa nacional. Assim, as políticas e decisões comunitárias têm sido de extrema relevância no sentido em que vinculam os Estados-Membros à adesão aos mecanismos criados, sendo que parte dos desenvolvimentos político-legislativos nacionais resultam de exigência comunitária. No entanto, em termos práticos não se verifica a aplicabilidade das normas jurídicas transpostas, nem se vislumbram possibilidades de actuação com base nelas. Entendemos que tal deriva, por um lado, da falta de conhecimento por parte dos actores judiciários das potencialidades dos instrumentos legais ao dispor e por outro de fracas políticas nacionais e de políticas locais quase nulas.

No relatório elaborado por Manuel Malheiros para a *European Network of Legal Experts in the Non-Discrimination Fields*[6], o autor apresenta, em relação à discriminação racial e étnica, as seguintes conclusões:

---

[6] "The biggest problem in Portugal is the gap between legislation and its pratical implementation. It is necessary to ensure the effective application of existing legislation and improve the functioning of administrative and law enforcement bodies such as the High Commissariat for Immigration and Ethnic Minorities and the General Labour Inspectorate which deal with anti-discrimination matter (article 7 of Directive 2000/43 and 8 of Directive 2000/78). The manner in which the directives have been transposed is very problematic, it causes difficulties concerning procedures and raises many doubts regarding interpretation. (...)It is very difficult to obtain evidence on discriminatory acts and the procedures tend to be very protracted. (...)The judiciary should be more aware of the need for active measures to counter racially motivated crime and incitement to racial discrimination and violence. The same can be said regarding other grounds of discrimination. "Report on Measures to Combat Discrimination – Directives 2000/43/EC and 2000/78/EC – Country Report – Portugal", European Network of Legal Experts in the Non-Discrimination Field, Manuel Malheiros, Janeiro 2007. Disponível em http://ec.europa.eu/employment_social/fundamental_rights/pdf/legnet/ptrep07_en.pdf

CRIMINALIZAÇÃO DOS FENÓMENOS MIGRATÓRIOS

O maior problema em Portugal é o hiato entre a legislação e a sua implementação prática. É necessário garantir a aplicação efectiva da legislação existente e melhorar o funcionamento dos organismos administrativos e legais tais como o Alto-Comissariado para a Imigração e Minorias Étnicas e a Inspecção-Geral do trabalho, que lidam com matérias de anti-discriminação (artigo 7 da Directiva 2000/43 e 8 da Directiva 2000/78). O modo pelo qual as directivas foram transpostas é muito problemático, causa dificuldades respeitantes aos procedimentos e levanta muitas dúvidas no que toca á interpretação. (...)

É muito difícil obter provas de actos discriminatórios e os procedimentos tendem a ser muito prolongados. (...)

O poder judicial devia estar mais consciente da necessidade de tomar medidas activas para contrariar os crimes racialmente motivados e a incitação à discriminação e violência raciais. O mesmo pode dizer-se em relação a outros fundamentos para a discriminação.

Perante tamanha produção legislativa parece que se desdobram os esforços no combate ao racismo e a discriminação, mas a sua aplicabilidade é quase nula, o que tem por consequência que os episódios de racismo e discriminação continuem a acontecer e a aumentar sem nenhum sinal de que essas práticas são efectivamente repudiadas e devidamente acauteladas.

No que à proibição do racismo e da discriminação diz respeito, de que os imigrantes e minorias étnicas são as principais vítimas, podemos contar essencialmente com dois instrumentos legais. As previsões estabelecidas no Código Penal e a Lei Contra a Discriminação Racial. O Código Penal Português inclui várias normas criminalizadoras de comportamentos discriminatórios. Em particular a qualificação dos crimes de homicídio e ofensa à integridade física quando motivados por ódio racial, religioso ou político. E tipifica o crime de discriminação racial ou religiosa.

A Lei Contra a Discriminação Racial[7] tem por objecto prevenir e proibir a discriminação racial sob todas as suas formas e sancionar a prática de actos que se traduzam na violação de quaisquer direitos económicos, sociais ou culturais, em razão da pertença a determinada raça, cor, nacionalidade ou origem étnica. Apresenta a título exemplificativo, um elenco de práticas discriminatórias que constituem contra-ordenações puníveis com coimas ou outras sanções acessórias. No entanto, mais uma vez, esbarramos, por um lado no vazio legal existente nesta matéria e, por outro, não aplicabilidade das leis.

É praticamente impossível que um acto racista preencha o tipo de ilícito da discriminação racial

---

[7] Lei n.º 134/99, de 28 de Agosto.

CRIMINALIZAÇÃO DOS FENÓMENOS MIGRATÓRIOS

prevista no Código Penal, sendo que na sua maioria também não encontram previsão sobre a Lei Contra a Discriminação Racial, uma vez que o seu âmbito de aplicação se limita a direitos económicos, sociais e culturais. Ou seja, o racismo dia dia-a-dia, que vitima milhares de pessoas e as fere na sua dignidade, não encontra censura no ordenamento jurídico nacional e não merece tutela penal, pelo que grassa um sentimento de impunidade que beneficia prevaricadores e desalenta vítimas.

Por outro lado, a Lei Contra a Discriminação Racial não é aplicada, e disso é demonstrativo a quase total ausência de condenações apesar das numerosas queixas apresentadas junto do ACIDI e da Comissão para a Igualdade e Contra a Discriminação Racial, órgãos competentes para a sua recepção e decisão.

A par de um vasto leque de instrumentos legais nacionais, internacionais e comunitários, assiste-se a intensa "propaganda" sobre as medidas de integração, e promoção de imigrantes, como é o caso dos Planos Nacionais de Integração de Imigrantes, que se desdobram em múltiplas medidas distribuídas por muitos ministérios, o Sistema Nacional de Apoio ao Imigrante, as linhas de atendimento e os gabinetes de apoio, os prémios de boas práticas entre muitas outras medidas e actividades. O que é certo é que os imigrantes pouco ou nada beneficiam dessas medidas e a população nacional delas nem se dá conta, porque em nada influenciam ou condicionam comportamentos ou percepções.

Resumindo, muitas medidas e planos de integração, mas sem impacto real e faltam verdadeiros instrumentos que são fundamentais na integração dos imigrantes, nomeadamente o direito de voto, a aquisição de nacionalidade portuguesa sem restrições e igualdade de acesso na área do emprego (acesso a empregos na função pública).

Nota: Por decisão pessoal, as autoras do texto não escrevem segundo o novo acordo ortográfico.

"PORTUGAL AOS PORTUGUESES": A EXTREMA-DIREITA DEPOIS DO 25 DE ABRIL

RAHUL KUMAR

Introdução

Apesar da sua expressão eleitoral mínima, e do caráter marginal das suas atividades, os movimentos de extrema-direita têm sido alvo de alguma atenção por parte dos meios de comunicação social e da opinião pública, no que diz respeito aos aspetos racistas e xenófobos do seu discurso, nomeadamente a presença dos imigrantes e seus descendentes como alvos do discurso de ódio de tais movimentos. No texto que se segue procuraremos esboçar uma genealogia destes movimentos no Portugal pós-25 de Abril.

O trajeto da extrema-direita portuguesa depois da Revolução de Abril pode ser dividido em três fases. A primeira fase, que podemos situar entre 1974 e

1985, define-se pela participação ativa de muitos grupos e organizações da direita radical, de matriz salazarista, nas atividades contrarrevolucionárias e a sua posterior marginalização institucional, associada a uma diluição de muitos dos agentes ativos destes grupos noutras estruturas ou partidos situados à direita no espectro político português. A segunda fase, balizada pela criação em 1985 e extinção em 1993 do Movimento de Ação Nacional (MAN), caracteriza-se pela emergência dos grupos de *skinheads* e por uma rutura geracional e de origem social nos setores mais radicais da direita portuguesa. Finalmente, a terceira fase é marcada pela recomposição destes grupos sob a influência da Aliança Nacional e a sua posterior organização partidária e integração no sistema político, operada através da criação do Partido Nacional Renovador (PNR).

Neste processo, verificaram-se, igualmente, transformações ideológicas e organizativas nos grupos da direita radical. Ao mesmo tempo aprofundou-se a sua ligação com movimentos, partidos e organizações de orientações semelhantes que se desenvolveram noutros países europeus. Neste contexto, o luso-tropicalismo do "Portugal não é um país pequeno", em que assentava a noção de um excepcionalismo da colonização portuguesa, misturou-se com ideias de salvaguarda da homogeneidade da identidade nacional, próximas de um etnonacionalismo que defende, ancorado em representações de pureza racial e diferença cultural, a devolução de "Portugal aos Portugueses".

A extrema-direita portuguesa depois do 25 de Abril

A irrelevância eleitoral dos movimentos neo-fascistas em Portugal tem sido interpretada como o reflexo de condições históricas particulares relacionadas com o desenvolvimento do regime autoritário português e, por outro lado, com a marginalização das direitas radicais do sistema partidário depois da revolução. Esta marginalização terá sido corolário da "ausência de compromisso com a elite do antigo regime e da radicalidade «antifascista» de 1974/1975" que, apesar dos resultados finais bastante limitados dos movimento de saneamento e desfascização, "marcaram profundamente a recomposição política da direita no seu todo".[1] O Partido Social Democrata (PSD) e o Centro Democrático Social (CDS) absorveram, neste contexto, parte importante dos apoiantes do Estado Novo. Como refere António Costa Pinto, a propósito

---

[1] COSTA PINTO, António (1989); «A direita radical em Portugal, uma introdução», pp. 74-75., *Sep. Risco*, 12, pp. 67-85.

da situação política pós-revolucionária, "estes fatores genéticos fizeram com que nestes dois partidos «os programas estejam à esquerda dos líderes, e estes estejam à esquerda dos militantes e eleitores»".[2] O facto de não serem consentidas na Constituição da República Portuguesa "associações armadas nem de tipo militar, militarizadas ou paramilitares, nem organizações racistas ou que perfilhem a ideologia fascista" não significa que toda a direita radical se tenha diluído nos partidos de direita que alcançaram rapidamente a representação parlamentar.

No âmbito da mobilização anticomunista e contrarrevolucionária de 1975, uma parte importante da extrema-direita, apostada não somente em combater o avanço da revolução social em Portugal mas também esperançada numa possível restauração da anterior ordem social, organizou-se em torno do Movimento para a Libertação de Portugal (MDLP) e do Exército de Libertação de Portugal (ELP). Liderados pelo general Spínola e por Alpoim Calvão, estes movimentos, com o apoio da notabilidade local e do clero católico a Norte, mas também de proeminentes figuras da sociedade portuguesa como José Miguel Júdice, distinguiram-se pelas flexíveis e precárias fronteiras

---

[2] COSTA PINTO, António (1989); «A direita radical em Portugal, uma introdução», p. 74-75., *Sep. Risco*, 12, pp. 67-85.

"PORTUGAL AOS PORTUGUESES"

que estabeleceram com os grupos responsáveis pelos ataques às sedes do Partido Comunista Português, assassinatos políticos e por diversos atentados bombistas, que continuaram mesmo depois do 25 de Novembro, e do fim da possibilidade revolucionária.

Entre a segunda metade da década de setenta e o início dos anos oitenta, o MIRN (Movimento Independente para a Reconstrução Nacional), que apresentava o General Kaúlza de Arriaga como figura proeminente, e o Partido da Democracia Cristã (PDC), que tinha entre as suas figuras mais destacadas Sanches Osório e Silva Resende, presidente da Federação Portuguesa de Futebol entre 1983 e 1989, simbolizaram as duas tentativas mais sólidas de reorganização partidária das secções mais conservadoras e reacionárias da direita portuguesa. Nas eleições legislativas de Outubro de 1980, vencidas pela AD, a coligação entre PSD o CDS e o Partido Popular Monárquico (PPM), com 44,91% dos votos expressos, a frente Direita Unida, a coligação entre aqueles dois partidos, obteve 0,40%, equivalentes a 23 819 votos. Estas dificuldades eleitorais definiram o final de uma certa cultura política da direita radical portuguesa.

O fecho deste período marca, por outro lado, para além da incorporação dos chamados "retornados", com cujo apoio estes setores da extrema-direita esperavam contar, o regresso dos exilados do anterior regime e a sua reintegração na sociedade portuguesa. A função pública, o setor dos media e o universo das então nascentes universidades privadas revelaram-se fundamentais para a sobrevivência de diferentes núcleos daquele campo político: jovens neo-fascistas, monárquicos tradicionalistas ou católicos integristas. Observou-se, a partir de meados dos anos oitenta, em paralelo com constatação da debilidade e fragilidade das organizações partidárias da direita radical, a proliferação de iniciativas culturais organizadas por aqueles grupos. Revistas como a *Futuro Presente*, que contava com a colaboração de figuras como Jaime Nogueira Pinto ou Nuno Rogeiro, foram fundamentais para um trabalho de remodelação ideológica da extrema-direita portuguesa que, após o fim do império, abandonou um ideário declaradamente fascista para se aproximar de um nacionalismo conservador e orientado para a defesa da identidade nacional num contexto de aprofundamento da integração europeia do país.

O MAN e a emergência dos *skinheads*

A fundação do MAN, em 1985, revela uma transformação da extrema-direita portuguesa. Segundo Riccardo Marchi, e utilizando as categorias deste

investigador, o MAN, que apresentava características próximas de um grupo sub-cultural, reescreveu e
modernizou o vocabulário da extrema-direita, por via
de uma rutura geracional mas sobretudo através de
um corte doutrinário com o vocabulário multirracial
do nacionalismo radical português, ainda vinculado
ao mito do império.[3] A forma como essa "modernização" do vocabulário da extrema-direita foi reescrita
merece, sem dúvida, ser analisada com maior detalhe.

Com as transformações na cultura política dominante em Portugal e as mudanças sociais verificadas
no país a partir dos anos oitenta – o aprofundamento
dos processos de desindustrialização, terciarização e
liberalização da economia e de incremento da imigração com origem nas antigas colónias portuguesas, por
exemplo –, o MAN, fundado na Amadora em 1985,
por José Luís Paulo Henriques, que havia liderado a
Juventude Centrista, cresceu nas periferias das duas
maiores cidades portuguesas, em concelhos como
Almada, Gaia, Matosinhos, Santo Tirso ou Gondomar.
Esta constitui, desde logo, uma diferença importante
face à extrema-direita tradicional. Se no final dos anos

---

[3] MARCHI, Riccardo (2010); «At the Roots of the New Right-Wing
Extremism in Portugal: The National Action Movement (1985-
-1991)», p. 51, *Totalitarian Movements and Political Religions*, 11:1,
pp. 47-66.

IMIGRAÇÃO E RACISMO EM PORTUGAL

sessenta e nos anos setenta, os movimentos da direita radical eram maioritariamente formados por estudantes universitários de Lisboa, Porto e, em especial, Coimbra, o MAN recrutou essencialmente entre as classes médias baixas suburbanas em processo de mobilidade social descendente e os "novos pobres".[4] Esta ampliação do perfil de mobilização social da "nova" extrema-direita, manifestou-se igualmente na transformação do seu discurso ideológico e práticas organizativas.

Formado oficialmente enquanto Associação Cultural Ação Nacional, o MAN distinguiu-se pela propaganda anti-imigração e racista que desenvolveu até 1993, data da sua extinção, e pela sua relação com o movimento *skinhead*, que ajudou a organizar. Se nos estatutos a Associação de define como "uma organização cultural e política de caráter nacionalista, revolucionário e popular", e nos seus pontos programáticos se opõe ao liberalismo, ao comunismo e ao individualismo, em publicações como "Combate Branco" aparecem destacadas as ideias de defesa da "pureza da raça" ou do "repatriamento dos negros, indianos e outros de origem não europeia" e frases como "500 mil pretos

---

[4] MARCHI, Riccardo (2010); «At the Roots of the New Right-Wing Extremism in Portugal: The National Action Movement (1985–1991)», p. 49, *Totalitarian Movements and Political Religions*, 11:1, pp. 47-66.

para África, Portugal aos portugueses". Apesar das continuidades ideológicas com o corporativismo e o nacionalismo salazarista, é na transformação do discursos relativos à identidade nacional que se pode identificar, em parte, a "modernização" descrita por Ricardo Marchi. Essa rutura ideológica não pode, porém, ser confundida com uma representação mistificada das relações raciais em Portugal durante o Estado Novo. Isto é, na ânsia de sublinhar a emergência de um discurso explicitamente racista na direita portuguesa, aquilo que alguns autores designam como a sua europeização, não deve ser ignorada a distância entre as representações lusotropicalistas das relações raciais no império português e a materialidade das suas práticas sociais.[5]

É numa certa segmentação organizativa e institucional e divisão do trabalho político entre o movimento e um conjunto de grupos de *skinheads* que radica parte da ambiguidade que definiu o crescimento das organizações de extrema-direita nacionais.[6]

---

[5] Veja-se, por exemplo, CASTELO, Cláudia (1999); *O modo português de estar no mundo: o luso-tropicalismo e a ideologia colonial portuguesa (1933-1961)*, Porto, Afrontamento.

[6] Para informação mais detalhada sobre os diferentes grupos e organizações de extrema-direita que se desenvolveram em Portugal neste período veja-se José Falcão (1998); *A extrema-direita em Portugal*, Lisboa, SOS Racismo.

Nesse sentido, parece ganhar força, também para o caso português, a ideia de Roger Griffin de que a grupuscularização da extrema-direita não representa um falhanço do fascismo no pós-guerra, mas antes a sua adaptação a novas circunstâncias.[7] A partir da segunda metade dos anos oitenta, mas também mais tarde com o PNR, como teremos oportunidade de verificar, foi, sobretudo, a atuação destes grupos de *skinheads* que estruturou a extrema-direita. Para além do já mencionado "Combate Branco" e de outras publicações como "Ação", "Ofensiva" ou "Vento do Norte", a extrema-direita alargou a sua influência através da sua atividade no interior de determinados núcleos sub-culturais, como as claques de futebol. No contexto da multiplicação de episódios de violência entre claques, os grupos de *skins* adquiriram uma certa aceitação no interior dos grupos organizados de apoio aos clubes. O seu lugar nesses tumultos, perfeitamente adequados à disseminação de uma ideia específica de nacionalismo viril, antecipou a entrada de bandeiras com cruzes suásticas e célticas ou as saudações nazis nas bancadas dos estádios.

---

[7] GRIFFIN, Roger (2002); «From Slime Mould to Rhizome: An Introduction to the Groupuscular Right», *Patterns of Prejudice*, Vol. 36, No. 3, pp. 27-50.

"PORTUGAL AOS PORTUGUESES"

Ainda mais do que as claques de futebol, as publicações e as diferentes formas de propaganda racista e anti-imigrantes, aquilo que caracterizou esta nova vaga da extrema-direita foi sobretudo a intensificação e sucessão de casos de violência política mas sobretudo racial. Os assassinatos do militante do PSR, José Carvalho, em 1989, e de Alcindo Monteiro, no Bairro Alto, em Lisboa, no dia 10 de Junho de 1995, depois da final da Taça de Portugal em Futebol, disputada no Estádio Nacional entre Sporting e Marítimo, representam dois dos exemplos mais conhecidos e mais graves entre os inúmeros incidentes violentos provocados por estes grupos durante este período. O avolumar deste tipo de acontecimentos conduziu a uma maior atenção judicial e policial sobre os movimentos de extrema-direita e, em particular, sobre as relações entre o MAN e os grupos de *skinheads*. Na sequência destas investigações, a Procuradoria Geral da República solicitou em 1991 ao Tribunal Constitucional que o MAN fosse extinto por defender ideias fascistas e racistas e procurar o derrube da democracia. Quando em 1995 o Tribunal Constitucional, finalmente, se encontrava em condições de deliberar sobre o processo, politicamente sensível, resolveu não o fazer argumentando que o MAN já se havia dissolvido, o que de facto, se verificou em 1993.

101

O Partido Nacional Renovador e a reorganização partidária da extrema-direita

A criação do PNR, em Abril de 2000, representou, depois da extinção do MAN, a maior novidade na organização da extrema-direita e sua integração no sistema político e partidário português, pese embora a sua continuada marginalidade em relação aos grandes palcos de debate político e a persistência da sua natureza grupuscular, alicerçada na manutenção de laços com os diferentes grupos de *skinheads* e por eles reforçada. Nos cerca de seis anos que mediaram a extinção do MAN e a formação daquele partido verificou-se uma nova reorganização da extrema-direita portuguesa, sob a égide da Aliança Nacional. Constituída em 1995, por Cruz Rodrigues, um histórico da direita salazarista, que já havia participado na construção do PDC, e José Luís Paulo Henriques, o fundador do MAN, este novo grupo formou-se precisamente com base numa aliança entre os setores mais radicais da nova e velha extrema direita portuguesa.

A incapacidade da Aliança Nacional para recolher as assinaturas necessárias à criação de um partido político conduziu alguns dos seus militantes ao Partido Renovador Democrático (PRD), arquitetado pelo antigo presidente da república Ramalho Eanes. Segundo José Mourão da Costa, a conquista do PRD

"PORTUGAL AOS PORTUGUESES"

pela extrema-direita não resultou apenas de uma ação concertada de inserção de quadros naquele partido, nem somente das dificuldades económicas que o PRD vivia, mas antes de uma negociação entre o então líder do partido, Manuel Vargas Loureiro e as duas principais figuras da Aliança Nacional. A 13 de Novembro de 1999 foi formalizada esta cedência do PRD e a "quase transposição dos órgãos diretivos da Aliança Nacional", sendo nela "já visível a presença dominante da fação soberanista e europeísta".[8] A alteração do nome, estatutos e símbolo do partido foi concretizada a 12 de Abril de 2000.

A primeira fase de vida do PNR define-se pela tentativa de construir um aparelho partidário e concorrer às diferentes eleições. Quando, em 2001, o partido participou pela primeira vez nas eleições autárquicas, nos concelhos de Lisboa e Mafra, recolheu um total de 877 votos, correspondentes a 0,09% dos votos em Lisboa e 0,02% do total nacional[9]. Três meses depois, nas eleições legislativas de março de 2002, o PNR concorreu com 140 candidatos em oito círculos eleitorais, tendo obtido um total de 3962 votos

---

[8] MOURÃO COSTA, José (2011); «O Partido Nacional Renovador: a nova-extrema direita na democracia portuguesa», p. 774, *Análise Social*, vol. XLVI (201), pp. 765-787.

[9] Dados eleitorais recolhidos no site da Comissão Nacional de Eleições.

IMIGRAÇÃO E RACISMO EM PORTUGAL

que representavam 0,07% dos votos a nível nacional e entre 0,07 e 0,22% dos votos nos círculos em que concorreu[10]. Nas eleições europeias de 2004, apresentado *slogans* como "Portugal Sempre", o partido assegurou 0,26% das preferências dos eleitores, o equivalente a 8405 votos. Nas eleições legislativas de 2005 apresentou 230 candidatos, distribuídos por todos os círculos eleitorais. Apesar de ter reduzido a sua percentagem para 0,16%, por comparação com as legislativas de 2002, praticamente triplicou o total de votos para 9362.

A criação da Juventude Nacionalista, em 2005, assinalou mais uma etapa no processo de institucionalização da extrema-direita portuguesa e na ampliação da sua capacidade de intervenção política e social. A organização surgiu com o objetivo expresso de garantir a participação do partido nas associações de estudantes e junto dos jovens, tendo apresentado listas quer em eleições para as associações de estudantes no ensino superior, quer no secundário. Por outro lado, e na sequência das eleições legislativas de 20 de Fevereiro de 2005, o PNR passou a integrar a partir de 17 de maio de 2005 o grupo *European National Front*, que inclui partidos como o *British National Party*, a

---

[10] Em Lisboa o PNR recolheu 1626 votos, representando 0,14% do total de votos no concelho.

Front National francesa, o *Nationaldemokratische Partei Deutschlands* alemão, *La Falange* (Espanha) ou ainda o *Vlaams Blok* (Bélgica).

A participação em manifestações e a aposta em campanhas mediáticas foram outras das formas escolhidas pela extrema-direita para garantir a visibilidade das suas posições. No dia 18 de junho de 2005, uma semana depois do alegado "arrastão" na praia de Carcavelos, a Frente Nacional e o PNR manifestavam-se, naquela que terá sido a maior ação de rua de extrema-direita em Portugal depois do 25 de Abril, contra um suposto aumento da criminalidade em Portugal, associando-a ao aumento da imigração. Contudo, nenhuma outra iniciativa terá conseguido gerar a repercussão do cartaz colocado pelo PNR em Março de 2007 na rotunda do Marquês de Pombal, em Lisboa, onde se lia "Basta de Imigração, Nacionalismo é a solução", com uma nota de rodapé onde se defendia um "Portugal aos Portugueses"[11]. Este cartaz garantiu ampla cobertura mediática ao partido que teve

---

[11] Na sequencia das criticas generalizadas a este cartaz, o PNR colocaria um outro no mesmo local, manifestando-se contra aquilo que entendia ser um ato de censura à liberdade de expressão. Mantendo as semelhanças gráficas com o anterior cartaz, onde se podia ver um avião a levantar voo, por cima da expressão "Basta de Imigração, Façam Boa Viagem", este afirmava que "As ideias não se apagam, Discutem-se, Portugal Precisa de Nós".

continuidade durante a campanha para as eleições intercalares para a Câmara Municipal de Lisboa realizadas a 15 de julho do mesmo ano[12].

A visibilidade da ligação entre *skinheads*,o PNR, a Juventude Nacionalista, a Frente Nacional e uma série de outras organizações com presença visível na Internet manifestou-se de forma mais clara nas ações de rua promovidas por estas grupos a partir de 2005. Estes movimentos organizaram uma sucessão de manifestações que permitem perceber qual o seu núcleo ideológico e os campos de intervenção fundamentais: conta a entrada da Turquia na União Europeia e contra a comunidade cigana de Coruche, ainda em 2005. Seguiram-se, até 2007, ações de rua de homenagem a Rudolf Hess, contra "o lobby gay", contra "o casamento de homossexuais", contra a possibilidade dos casais homossexuais poderem adotar crianças, "contra o genocídio [de portugueses] na África do Sul" e "contra o acordo entre o município de Vila de Rei e a cidade Brasileira de *Maringá*", que tinha como mote "Colonatos estrangeiros não. Alto à invasão".

A cronologia do processo de internacionalização e desenvolvimento do PNR apresenta paralelos

---

[12] Nas quais o PNR recolheu 1466 votos, correspondentes a 0,76% do total.

"PORTUGAL AOS PORTUGUESES"

impressionantes com o aumento gradual das atividades do movimento *skinhead* português que, depois
de alguns anos de invisibilidade, ressurge novamente
na imprensa e nas ruas, organizando-se preferen-
cialmente a partir da Frente Nacional, com Mário
Machado na liderança. Assim, em Abril de 2005,
alguns meses antes do PNR aderir à Frente Nacional
Europeia, a imprensa portuguesa dava conta a criação
de uma secção portuguesa do grupo *Hammerskin*, no
contexto de uma notícia sobre um motim num bar
em Peniche. Este processo de internacionalização
foi também relatado nos media através de uma série
de acontecimentos relacionados com sub-culturas
musicais ligadas ao movimento musical *underground*
conhecido como *White Noise*, no âmbito do qual se
destacaram em Portugal bandas como os LusitanOi!,
Ódio, Guarda de Honra e Guarda de Ferro.[13] Estava
previsto para o dia 21 de Abril de 2007, em Lisboa, um
encontro internacional subordinado ao tema "Formas

---

[13] Em Maio de 2005, por exemplo, surgiram na imprensa relatos de
um concerto que teve lugar no concelho de Palmela, onde se terão
reunido perto de 270 *skinheads* de oito nacionalidades diferentes.
Participaram no concerto a banda suíça Dissens, os portugueses Ódio
e os alemães Jungstrum. No dia 7 de Maio de 2005, data do evento,
PNR e a sua direção beneficiaram de um agradecimento especial no
blogue *Homem Lobo*, mantido por Mário Machado, por terem ofere-
cido as passagens aéreas das bandas estrangeiras.

IMIGRAÇÃO E RACISMO EM PORTUGAL

de Ativismo na Europa" organizado pela Juventude Nacionalista, pelo PNR e pela Frente Nacional. Esse encontro foi cancelado pela incapacidade dos organizadores em encontrarem um espaço que acolhesse o evento e na sequência da prisão de 10 indivíduos ligados àquelas forças políticas por posse ilegal de armas, xenofobia e propaganda racista. Entre os detidos encontrava-se Mário Machado, líder da Frente Nacional e destacado membro do Grupo 1143, associado à Juventude Leonina, que reintroduziu de forma pública os *skinheads* e a extrema-direita nas bancadas dos estádios de futebol.

O aumento da atividade dos *skinheads* manifesta-se não somente através do aumento do número de episódios de violência racial e crescimento da propaganda racista e xenófoba, mas também por via da sua alegada associação a diferentes atividades criminosas, que vão desde o tráfico de armas, drogas e pessoas à prestação ilegal de serviços de segurança. No âmbito do chamado "mega-processo" dos *skinheads* foram condenadas, em Outubro de 2008, mais de trinta pessoas, entre as quais Mário Machado e outros que já haviam sido sentenciados por envolvimento no assassinato de Alcindo Monteiro em 1995. Mesmo depois das condenações de membros e líderes da Frente Nacional e da secção portuguesa dos *Hammerskins*, importante setor de apoio e militância do PNR, e

108

"PORTUGAL AOS PORTUGUESES"

ao contrário do que sucedeu em 1993, desta feita o inquérito judicial às atividades da extrema-direita portuguesa, que autores como Riccardo Marchi, colocam na categoria de "processo político", não significou a sua dissolução ou desorganização. Nas eleições legislativas de 2009, o PNR obteve 11 503 votos (0,20%) e nas eleições antecipadas de 2011 o partido, viu a sua votação crescer para 0,31%, correspondentes a 17 548 votos. Apesar das votações no partido se manterem a níveis residuais, elas revelam uma crescente capacidade de organização política, no âmbito de um processo de internacionalização que o MAN e a geração anterior de *skinheads* não foram capaz de operacionalizar.

Para essa maior solidez e resistência terá certamente contribuído a forma como estes grupos exploraram a Internet, que se revelou um meio privilegiado de comunicação, organização e propaganda. Assim e para além do quadro da ação partidária e das manifestações de rua, verificou-se, ao longo da primeira década do século XXI, o surgimento de vários *blogues*, *foruns* e *websites* dedicados às causas e atividades da extrema-direita, que têm permitido não somente o alargamento das suas audiências potenciais como o multiplicar das relações entre a extrema-direita portuguesa e um vasto grupo de partidos e grupos internacionais daquele campo político.

Conclusão

A repulsa face aos discursos xenófobos e racistas na Europa, que levou à imposição de sanções à Áustria depois de Jörg Haider ter conduzido o Partido da Liberdade ao governo com a vitória nas eleições legislativas de 1999, parece ter desaparecido do *mainstream* político e mediático ao longo da última década.[14] Num contexto de profunda crise económica, mas também de desestruturação dos mecanismos tradicionais de representação política e canalização do protesto, num quadro de aumento de desemprego e de desmantelamento do estado social, que configuram a abertura de uma estrutura de oportunidades políticas conducente ao desenvolvimento da extrema-direita,[15] esta tem vindo a alcançar resultados eleitorais expressivos em diversos países europeus. Este incremento das votações e influência política da extrema-direita manifestou-se de forma visível nas eleições gregas e francesas realizadas em Abril e Maio de 1012. O Partido Aurora Dourada, pela primeira vez na sua história ultrapassou, com 6,97% dos votos expressos, a barreira

---

[14] ZIZEK, Slavoj (2010); «Porque é que todos gostamos tanto de odiar Haider», Bruno Peixe Dias e José Neves, *A Política dos Muitos*, Lisboa, tinta da China, pp. 329-339.

[15] ZÚQUETE, José Pedro (2007); «Portugal: A New Look at the Extreme Right», *Representation*, 43:3, pp. 179-198.

dos 3% que limita o acesso à representação parlamentar na Grécia, poucos dias depois da Frente Nacional, liderada por Marine Le Pen, ter alcançado 17,9% na primeira volta das eleições presidenciais francesas. Noutros contextos, como o holandês ou o italiano, o Partido da Liberdade, chefiado por Geert Wilders, ou a Liga Norte e a Aliança Nacional, dirigidas por Umberto Bossi e Gianfranco Fini, têm participado em coligações governativas, sem que esse facto seja considerado extraordinário.

Contribuiu igualmente para a integração da extrema-direita na cultura política europeia a eufemização das categorias habitualmente utilizadas para classificar estes partidos. Num quadro de estigmatização dos partidos, movimentos e doutrinas rotuladas de "extremas" – direita ou esquerda – estes partidos são nomeados nos meios de comunicação social e na ciência política como nacionalistas, populistas ou antissistémicos. Esta constelação conceptual utilizada, aliás, pelos próprios partidos da direita radical contribui para legitimar estas organizações no quadro de um debate político crescentemente definido por alguns em torno de oposições como valores materiais e pós-materiais. A inscrição destes partidos e movimentos no quadro dos *single-issue parties*, dada a centralidade do tema da imigração e de outros relacionados com moralidade e costumes nas suas agendas, colabora, por outra via, para obscurecer outros pontos estruturantes da agenda da extrema-direita europeia, como se pode verificar no atual contexto de crise.

A evolução da extrema-direita portuguesa, representada pelo PNR, não permite antever, neste momento e na ausência de uma liderança carismática, a ameaça de um crescimento eleitoral significativo. O maior perigo resultará da adoção da sua agenda, nacionalista e xenófoba por parte dos partidos do chamado "arco de poder", e do recrudescimento dos movimentos extrapartidários neo-nazis. Essa articulação das agendas, programas e ações da extrema-direita portuguesa com a de outros países tem vindo a contribuir para a sua consolidação organizativa e ideológica. É neste terreno que se verificaram ao longo dos últimos dez anos algumas mudanças significativas. À semelhança dos seus congéneres europeus, o PNR centrou a sua agenda política num discurso anti--imigração. Verificamos, tanto no PNR como noutros setores da extrema-direita, a substituição de um discurso centrado em conceitos como "raça" ou "etnia" por um outro em que dominam termos como "cultura" e "identidade" e a tradução das antigas ideias de hierarquia racial em lógicas de diferença cultural e civilizacional. De modo mais concreto, vale a pena sublinhar a emergência de uma forte componente islamofóbica que, até aqui, havia estado ausente dos

"PORTUGAL AOS PORTUGUESES"

discursos desta "direita identitária", que se proclama defensora das identidades nacionais no quadro do que considera uma hegemonia cultural da esquerda e do multiculturalismo num contexto de aprofundamento dos processos de globalização, transvestindo muitas vezes numa linguagem culturalizada outro tipo de antagonismos sociais, nomeadamente os de classe.

DESIGUALDADES SOCIAIS E ETNICIDADE: O CASO DOS PORTUGUESES CIGANOS

ALEXANDRA CASTRO

A produção da diferença: um processo histórico

A história da presença dos ciganos em Portugal, como noutros países da Europa, dá conta de como a sua inscrição local se foi constituindo como um problema público. Mas torná-lo digno de preocupação implicou entrar uma lógica de designação e de descrição do problema para o resolver, operando-se modelizações que nem sempre traduziam o sentido da realidade.

Mais do que elencar as várias medidas que ao longo do tempo foram sendo aplicadas, o que tende a ser mais relevante neste processo histórico são as lógicas que presidiram à distinção de um grupo de pessoas, de lhes atribuir um nome e determinadas práticas e de legitimar um tratamento diferenciado. Os ingredientes essenciais deste processo parecem, inicialmente, basear-se na origem desconhecida da população cigana, no seu modo de vida aparentemente original associado a uma organização social diferente que suscitavam nas populações um sentimento de desconfiança e medo. Numa primeira fase, os dispositivos legais não visavam explicitamente os ciganos, mas grupos de pessoas que se distinguiam do resto da sociedade pela relação que mantinham com um modo de vida itinerante. No entanto, a especificidade legislativa começa a ganhar a sua força distintiva ao associar a este modo de vida algumas características, tais como: o andar em "ranchos ou quadrilhas", "falar gerigonça", "usar trajes de ciganos", "ler a sina"[16].

De certa forma, o que parece promover a aparente racionalidade das disposições legais é a persistência de equívocos e imagens negativas que se consolidam numa verdadeira "teoria do estigma", no sentido dado pelo sociólogo Erving Goffman, legitimadora das políticas de exclusão, mas também das de reclusão e inclusão, tal como foram sistematizadas por Liégeois[17].

---

[16] Entre os séculos XVI e XVII, em vários dispositivos legais, é possível encontrar estes referenciais associados à população cigana.
[17] LIÉGEOIS, Jean-Pierre (1980); «Le discours de l'ordre. Pouvoirs publics et minorités culturelles», *Esprit*, nº 41, pp. 17-43.

DESIGUALDADES SOCIAIS E ETNICIDADE

As medidas que foram sendo adotadas não eram irrefletidas, pois a sucessiva renovação da legislação publicada e o agravamento das penas revelavam a sua intencionalidade consciente, ainda que permaneça a dúvida sobre a eficácia das leis, pois parece que, na maioria das vezes, elas não teriam sido aplicadas ou teriam produzido efeitos muito parcialmente, ainda que não deixassem de constituir obstáculos ao desenvolvimento normal da vida das populações ciganas[18].

Nos últimos anos, os estudos que têm sido desenvolvidos em Portugal, sobre as representações dos não ciganos sobre os ciganos, revelam que os ciganos são não só rejeitados em larga escala, como o são em maior escala que outras minorias residentes no país, nomeadamente as oriundas de países africanos[19].

---

[18] MACHADO, Ana Maria Celorico (1988); "'Ciganos' portugais: une marginalisation traditionnelle", *Étude stsiganes*, nº 4, p. 8.

[19] DUARTE, Isabel et al. (2005); *Coexistência interétnica, espaços e representações sociais: os ciganos vistos pelos outros*, Lisboa, Coleção Olhares, nº 4, ACIME, 181p.; MENDES, M. M. (2004); "Representações sociais face a práticas de discriminação: ciganos e imigrantes russos e ucranianos na AML", in *Atas do VIII Congresso Luso-Afro-Brasileiro de Ciências Sociais – A questão social no novo milénio*, Coimbra, 16-18 setembro 2004, pp. 1-24; SILVA, M. C.; PINTO, M. G. (2004); "Clivagens interétnicas latentes: Um estudo de caso no concelho de Barcelos", in *Atas do Vº Congresso Português de Sociologia – Sociedades Contemporâneas: Reflexividade e Ação*, Universidade do Minho, 12-15 maio de 2004, pp. 97-109; FAÍSCA, L. M.; JESUÍNO, J. C. (2006); *Comunidades ciga-*

IMIGRAÇÃO E RACISMO EM PORTUGAL

Também quando se analisam as representações dos próprios ciganos sobre domínios, práticas e situações percecionados como discriminatórios no contexto das relações que estabelecem com o mercado de trabalho, o sistema de ensino, o acesso à habitação e as forças policiais fica patente a existência de um "racismo quotidiano"[20]e quando se compara esta perceção com outros grupos também se chega à conclusão de que os ciganos são o grupo que mais se sente discriminado nas principais áreas da vida social, desde as instituições de prestação de serviços públicos até aos espaços de diversão ou de comércio e de lazer[21]. Nos dados que têm sido disponibilizados por inquéritos de âmbito europeu, também emerge a racialização da interação, com consequências inevitáveis ao nível do sistema de

---

nas: *Representações Sociais da Comunidade Cigana na Sociedade Portuguesa*, Lisboa, ACIME; FONSECA, E. P., et al. (2005); *Representações Sociais das comunidades cigana e não cigana em Portugal – Implicações para a sua integração social*, Lisboa, ACIME; DIAS, Eduardo Costa et. al. (2006); *Comunidades ciganas: representações e dinâmicas de exclusão/integração*, Lisboa, Coleção Olhares IV, ACIME, 94 p.

[20] MENDES, Maria Manuela (2008); "Representações sociais face a práticas de discriminação: ciganos e imigrantes russos e ucranianos na AML", in*Actas do VI Congresso Português de Sociologia – Mundos sociais: saberes e práticas*, 25 a 28 junho de 2008, Lisboa, APS, pp. 3-46.

[21] SANTOS, Tiago, OLIVEIRA, Catarina, KUMAR, Raul, (2009); *Research survey on migrants' experiencesof racism and discriminationin Portugal*, Relatório Final, Texto Policopiado, NÚMENA, 142 p.

DESIGUALDADES SOCIAIS E ETNICIDADE

oportunidades. Para além de um dos inquéritos revelar que 47% de ciganos europeus passaram pelo menos por um incidente de discriminação em 12 meses[22], também o Eurobarómetro revela a predominância da discriminação com base na origem étnica (EU27: 61% e em Portugal: 57%[23]).

A relativa homogeneidade dos estereótipos negativos que estruturam a imagem dos ciganos e a sua fraca variabilidade, em função dos contextos onde se regista a sua presença[24], permite avançar com algumas hipóteses explicativas complementares entre si:

i) As medidas legislativas dos últimos cinco séculos que visaram os ciganos contribuíram para alimentar e apoiar os aspetos das imagens estereotipadas que eram indispensáveis na sua elaboração e aplicação, ou seja, os ciganos eram definidos como era necessário que fossem face às exigências da ordem sociopolítica. Ou seja, o "mito cigano"[25], assente numa base romanticizada ou associado a desvio, foi servindo ao

---

[22] EU-MIDIS, European Union Minorities and Discrimination Survey, FRA 2010.

[23] SpecialEurobarometer 317, Discrimination in the EU, 2009.

[24] FORMOSO, Bernard (1994); «Diversité des itinéraires et uniformité des stéréotypes». *Études tsiganes*, vol. 4, p. 128.

[25] HANCOK, Ian (1989); «La fonction du mythe tsigane», in WILLIAMS, P. (Org.) (1989); *Tsiganes: Identité, évolution,* Études Tsiganes Syros Alternatives, Paris, pp. 45-52.

longo dos tempos uma função política, pois ao revelar as tensões decorrentes de fobias em relação ao que se revelava diferente ia-se desenhando os limites do sistema dominante.

ii) Os estudos que abordam a população cigana tendem a enfatizar a sucessão de fenómenos que tornaram os ciganos "vítimas da história em vez dos seus construtores"[26], o que poderá estar na origem do perpetuar da imagem mais sombria desta população, esquecendo-se os processos que conduziram a uma hospitalidade territorial e a formas de coexistência mais positivas ou mesmo a alguns feitos importantes na história[27].

iii) As estratégias de luta contra a alteridade que foram desenvolvidas nem sempre conseguiram alcançar o tão desejado processo de assimilação. Estas estratégias apoiaram-se, quase sempre, em mecanismos de assimilação que procediam por etapas e pressupunham que as sucessivas gerações pudessem vir a adotar os padrões sócio-culturais e normativos da

---

[26] ROTHEA, Xavier (2009); "Piste pour une historiographie des tsiganes en France", *Études Tsiganes*, nº 39-40, pp. 14-41.

[27] Elisa Lopes da Costa refere, por exemplo, o contributo dado por alguns ciganos durante a guerra da restauração embora seja uma matéria pouco difundida e aprofundada (Costa, 1999: 56). Também Ana Maria Machado refere a sua importante contribuição na realização de trabalhos de utilidade pública (Machado, 1988: 5).

sociedade maioritária. Mas o que se verificou, como bem ilustra o título de um texto de Moscovici e Perez, foi *"a extraordinária resistência das minorias à pressão das maiorias"*.Perantea constatação de que as estratégias de conversão utilizadas não resultam, os não ciganos tentam resolver este conflito sociocognitivo representado os ciganos como um grupo com uma 'natureza' diferente da sua, acentuando as representações que maximizam as diferenças. Por outro lado, as estratégias de conversão reforçam a identidade e a autonomia da minoria, que se representa como grupo ameaçado e estrangeiro, face a um grupo hegemónico e ameaçador, em que qualquer compromisso e concessão é uma ameaça à sua existência[28].

Constata-se, assim, que a par da existência daquilo que se costuma designar de um "anticiganismo" generalizado que bloqueia o acesso a oportunidades e dificulta romper com processos de pobreza e exclusão social, há que ter, pelo menos, em conta dois aspetos: por um lado, este tipo de processos não resulta apenas de uma ação deliberada de uma hegemonia contra uma minoria, ou seja, não se pode atribuir o papel exclusivo de vítima aos ciganos, pois

---

[28] MOSCOVICI, Serge; PEREZ, Juan António (1999); "A Extraordinária Resistência das Minorias à Pressão das Maiorias" *in* Vala, Jorge (ed.) *Novos Racismos*, Lisboa, Celta, p. 119

a relação entre a exclusão e a hegemonia é dialógica. Por outro lado, a própria diferenciação interna à população cigana coloca os indivíduos com diferentes posturas nas formas de acesso às oportunidades, ou seja, o seu "habitus étnico"[29] faz manifestar diferenças de posicionamento relativamente à inserção no mercado de trabalho e ao valor atribuído aos saberes e diplomas escolares, bem como a diferenças de postura no que concerne a determinados valores da «Lei cigana[30]».

Assim, perante representações sociais que tendem a veicular a homogeneidade de uma população e à qual se atribui muitas vezes a noção de comunidade, importa compreender os processos e os fatores que contribuem para a diversidade dos elementos

---

[29] CASA-NOVA, Maria José (2002); *Etnicidade, género e escolaridade – estudo em torno das socializações familiares de género numa comunidade cigana da cidade do Porto*, Lisboa, Instituto de Inovação Educacional, 177 p.

[30] A Lei Cigana constitui uma espécie de código de conduta que é transmitido oralmente de geração em geração, estruturando os processos de socialização das crianças e jovens e as práticas dos jovens e adultos e regulando as suas ações, sendo aplicável apenas intragrupo. Quando a quebra da Lei implica desonra ou morte e origina disputas familiares, para as quais não existe consenso entre as partes conflituantes, as penas em que incorrem os infratores ou a regulação do conflito são aplicadas pelos chamados 'homens de respeito' (Casa-Nova, 2009: 125-126).

que constituem o grupo e relativizar algumas das categorias que geralmente são mobilizadas para o definir. Não é possível deixar de notar o "incómodo" muitas vezes gerado pela produção deste tipo de conhecimento, nomeadamente por exigir outros recursos não disponíveis pelas políticas públicas, nomeadamente o acionamento de meios que permitam aprofundar o conhecimento sobre os beneficiários de determinadas políticas, avaliar se estas políticas estão a beneficiar todos os cidadãos de igual maneira ou se é necessário dirigir a intervenção em função de determinados perfis e do grau de discriminação de que são alvo. Assim, a invisibilização da problemática, decorrente do princípio constitucional da indiferença às origens (o famoso artigo 13º) é a este nível extensível a vários domínios, incluindo a própria intervenção social que tende a seguir mais a lógica dos recursos disponíveis e não tanto as necessidades sentidas e expressas pelas pessoas.

A dimensão espacial das desigualdades: da retórica às práticas discriminatórias

Os ciganos encontram-se, pois, numa situação paradoxal: entre o desejo aparente do Estado de os ver instalados, mas sem uma orientação estratégica clara em termos das condições facilitadoras de processos de integração e o desejo, muitas vezes manifestado a nível local, de os ver circular ou instalados algures. O fraco enfoque e interesse político por parte do Estado central em abordar a relação entre etnicidade e desigualdades sociais[31], contrasta com as diversas controvérsias suscitadas pela presença dos ciganos a nível local, ao ponto da sua inscrição territorial se constituir um problema público. Esta escala de análise assume toda a sua relevância por se constituir o "teatro do quotidiano"[32], onde se cristalizam as tensões e manifestam os conflitos, mas onde também, de forma diferenciada, se formulam os problemas e se encontram soluções.

Uma questão sobressai com particular relevância – o problema cigano assume uma dimensão espacial incontornável: é pela sua visibilidade social e pela sua relação com o espaço que se geram controvérsias, se produzem identidades e se determina quem é de incluir ou de excluir do benefício das políticas públicas e, em última instância, quem deve ou não ter "direito à cidade". É, neste sentido, que as questões

---

[31] MACHADO, Fernando Luís (1992); "Etnicidade em Portugal. Contrastes e politização", *Sociologia – Problemas e Práticas*, Nº 12, 123-136.

[32] LIÉGEOIS, Jean-Pierre (2009); *Roms et tsiganes*, Paris, La Decouverte.

relacionadas com a habitação se assumem como um dos palcos privilegiados do conflito e para as quais se propõe um olhar direcionado.

A diversidade de condições socioeconómicas e espaciais dos ciganos portugueses a residir em Portugal permite levantar a hipótese de que as questões relacionadas com a heterogeneidade étnica e cultural e a integração não se colocam da mesma maneira em todos os territórios. De facto, os dados que tem sido possível apurar revelam que cerca de 70% dos ciganos residentes em Portugal vive em habitações condignas e os restantes têm uma situação habitacional precária. Esta precariedade manifesta-se a diferentes níveis: fracas condições físicas do alojamento; localização geográfica periférica e dificuldade de ver garantida a estabilidade residencial num dado território[33]. Mas esta diversidade de inscrições sócio-espaciais traduz a dimensão acentuada dos contrastes sociais quando se compara os dados para o conjunto da população portuguesa[34], mas também

---

[33] CASTRO, A. (2010); "Ciganos e desigualdades sociais: contributos para a inflexão de políticas públicas de cariz universalista", *Forum Sociológico*, 20, pp. 11-19.

[34] Apenas 0,8% do total da população residente em Portugal habita em alojamentos não clássicos, ou seja, barracas, casas rudimentares de madeira, improvisadas, móveis (INE, Recenseamento da População e Habitação, 2001)

quando se constata o realojamento mais tardio da população cigana[35].

Não se deve, no entanto, pensar que a polarização social é em si uma variável para explicar os conflitos que atravessam alguns destes contextos e que dificultam romper com padrões de vulnerabilidade social, onde a exclusão habitacional é marcante. Vários fatores concorrem para a manutenção destes padrões que ultrapassam ou se conjugam com a dimensão dos recursos necessários para permitir o acesso ao alojamento em tempo, lugar e a custos adequados a esta fatia da população cigana.

Desde logo, aquilo que condiciona as intervenções para melhorar as condições habitacionais da população cigana é indissociável da forma como os estereótipos se formaram e difundiram ao longo da história da presença dos ciganos em Portugal e das consequências que a regulação da sua presença teve na sua própria vida quotidiana e nas formas de organização do

---

[35] LOPES, Daniel Seabra (2006); *A Deriva Cigana. Um estudo etnográfico sobre os ciganos de Lisboa, Lisboa, Instituto de Ciências Sociais* e SANTOS, Marta, ROMANO, Ricardo, ANTUNES, Margarida, Cavaleiro, Lia (2008); "Etnia Cigana nos bairros municipais de Lisboa – recenseamento e reflexões" in CET, *Ciganos, Territórios e Habitat*, Atas do Seminário Internacional, Lisboa, pp. 147 – 167.

DESIGUALDADES SOCIAIS E ETNICIDADE

espaço.Mas a reativação destes estereótipos e o efeito de contágio em vários territórios repercute-se naeficácia e na qualidade dos processos que se poderiam implementar para a satisfação de necessidades objetivas. Duas condições espaciais dos ciganos merecem ser destacadas: por um lado, a situação de famílias que não conseguem instalar-se numa dada localidade por tempo indeterminado e, por outro, aquelas que tendo conseguido instalar-se, não conseguem aceder a uma habitação condigna.

De acordo com a Constituição Portuguesa, "a todos os cidadãos é garantido o direito de se deslocarem e fixarem livremente em qualquer parte do território nacional." (Artigo 44.º, alínea 1). No entanto, uma rápida leitura da realidade vivida por algumas famílias ciganas revela como este direito fundamental parece estar comprometido e onde as práticas institucionais de evitamento das paragens prolongadas visam o controlo da sedentarização. Os normativos que regulam o movimento das populações ditas nómadas, associam-na a pobreza e perigosidade e inscrevem a itinerância como uma prática desviante e delituosa. Ainda que os argumentos passem pela manipulação de noções como 'proteção dos espaços e ambiente', 'salubridade e higiene pública', 'ordem e tranquilidade pública', eles tornam-se o fundamento legal para a legitimação dos regulamentos destinados a pautar a passagem e a permanência destas populações pelas várias localidades, e constituem os principais elementos discursivos que se conjugam na armadura da cena pública e que retomam o paradigma securizante[36].

Aos olhos dos poderes públicos o controlo parece indispensável, mas ele não é assumido como um problema político em si, mas antes como um problema de ação pública, pois é preciso gerir a sua principal consequência: o estacionamento, nem sempre previsível das paragens. A gestão pública do nomadismo acaba, assim, por inscrever-se nas práticas clássicas da gestão pública de problemas complexos, impedindo uma visão mais global dos desafios que se colocam à integração[37]. Constata-se, assim, que a liberdade de circular no domínio público é temporária, pois repousa na existência de uma pressuposta estabilidade e na posse de um habitat fixo. Quando determinadas populações estão desprovidas destas condições, acabam por ficar condenadas à errância, pois as

---

[36] FOUCAULT, Michel (1975); *Surveiller et punir: naissance de la prison*, Paris, Gallimard.
[37] BIDET, Marie (2009); *Les gens du voyage, locaux ou cosmopolites?*, Thèse de Doctorat en sociologie de l'École Normale Supérieure de Cachan.

regulamentações de urbanismo e de estadia proíbem que seja feito do domínio público um uso privativo contínuo (Provot, 1998).

Para as famílias ciganas que se conseguiram instalar num dado território com carácter duradouro, mas em condições habitacionais precárias, as modalidades de ação pública podem ser diversas. Uma destas modalidades pode ao longo do tempo passar de uma estratégia de invisibilização para a constituição da sua presença como um problema que merece uma solução. Mas, quando as margens perdem, progressivamente, o seu carácter periférico na ordem urbana, deixam também de ficar confinadas à margem do poder local e das suas modalidades de ação pública.

Ora vejamos como se manifestam as representações sociais e as modalidades de ação pública a nível local quando se trata de abordar a "questão cigana".

Do discurso sobre a diferença...

Evocar as representações permite perceber como os procedimentos de categorização acabam por traduzir mecanismos de afastamento e de rejeição da população cigana. O quadro de representações sociais, manifestado por diferentes elementos pertencentes à administração local, revelando a forma como interpretam a presença destas famílias no concelho, acaba por orientar as suas condutas. Constroem-se, assim, "formas de conhecimento conotativo, e não simplesmente denotativo, que possibilitam o juízo e a qualificação de realidades, atribuindo-lhes propriedades positivas ou negativas"[38].

O enfoque das retóricas de justificação da ação pública e coletiva raramente assenta nos processos de produção das desigualdades sociais. À medida que aumentam os debates e as controvérsias em torno de espaços ocupados com habitações precárias rigidificam-se categorias identitárias, problematiza-se a atuação autárquica por comparação com outros territórios e/ou faz-se incidir o discurso nas dificuldades de encetar a intervenção:

– O nomadismo surge como uma daquelas categorias e assume-se como "um dos estereótipos sociais mais veiculados" sobre esta população[39]. Quando se analisa as situações de exclusão

---

[38] FERNANDES, António Teixeira (2000); Representações sociais e desigualdades, *Revista da Faculdade de Letras da Universidade do Porto*, nº 10, p. 213-214.

[39] MACHADO, Paulo Filipe (1994); "A Presença Cigana em Portugal: um caso secular", *Mediterrâneo*, Lisboa, 1994, nº 4, p. 58.

habitacional percebe-se a sua relevância como referencial discursivo para justificar determinadas modalidades de ação pública. No fundo, o nomadismo serve para evidenciar uma diferença étnica que sustenta opções específicas em termos de habitat (ex. Parques de Acolhimento Nómada) e que visa garantir um modo de vida "ancestral", mas também como um traço que visa rejeitar qualquer possibilidade de autoctonia e de aquisição do estatuto de residente para benefício das políticas públicas. A categoria "nómadas" passa a ser estrategicamente usada, formalmente não discriminatória, pois serve-se da naturalização da mobilidade geográfica como modo de vida.

– O "ser cigano" surge também como uma daquelas categorias e remete para uma espécie de bloqueio cultural que etniciza a exclusão social pelo simples facto de se viver "por opção" em barracas. A leitura etnicizante da cultura dos pobres incide na assumpção de que a responsabilidade dos problemas está nos indivíduos, aumentando o descrédito da sua possível integração e relegando-se para um plano secundário o papel que o tipo de recursos e de políticas sociais, e a forma como são mobilizados, podem ter na (re)produção das situações de exclusão social. Mas se a culpa está tendencialmente nos pobres, ou seja se a estrati-

IMIGRAÇÃO E RACISMO EM PORTUGAL

ficação com base em desigualdades estruturais é inexistente ou relegada para um segundo plano, então, as respostas dificilmente se distanciam da hostilidade ou da designação dos ciganos pobres como "resistentes à mudança" e como "não se querendo integrar".

– Problematiza-se a presença das famílias ciganas em termos de hospitalidade territorial, evidenciando-se a diferença de estatutos entre hospedeiro e hospede: as estruturas do poder local referindo que as "acolheram e não as expulsaram", subestimam a historicidade da sua inscrição local e os sentimentos de pertença manifestados.

– O poder local acusa a inércia do poder central em trazer a solução para problemas sociais sentidos localmente ou inclui no seu discurso os preconceitos e os receios difusos da população, tirando deles partido para as suas formas de atuação[40] ou como diria T. San Romano poder relegou para os estratos sociais mais baixos a competição com os ciganos e pode, a partir de cima, descarregar a sua responsabilidade, culpando o racismo dos não ciganos[41].

---

[40] FERNANDES, António Teixeira (1995); "Etnicização e racização no processo de exclusão social", *Sociologia, Revista da Faculdade de Letras da Universidade do Porto*, nº 5, p. 50-52.

[41] SAN ROMAN, Teresa (1986); *Entre la marginación y el racismo. Reflexiones sobre la vida de los gitanos*, Madrid, AlianzaUniversidad, p. 224.

DESIGUALDADES SOCIAIS E ETNICIDADE

Em qualquer dos casos referenciados, produzem-se identidades não negociadas, onde é inexistente um diagnóstico participado das situações e onde emerge a falta de transparência nos processos de acesso aos recursos das políticas públicas de habitação. Gera-se, pois, uma espécie de seleção natural no acesso a um lugar na cidade e às oportunidades das políticas públicas,uma vez que surgem nos referenciais discursivos dos órgãos do poder local outros destinatários aparentemente socialmente mais legítimos nesta competição por recursos que pela sua natureza são escassos: o solo urbano e a habitação social.

... à manifestação de práticas discriminatórias

Os principais traços que tendem a caracterizar um conjunto de processos a nível local podem resumir-se em torno do sistema de ação que enquadra as práticas de atores locais, a três níveis:

i) Práticas sociais marcadas pelo anticiganismo que:

– impedem o aceso a politicas públicas de cariz universalista relativamente avançadas ("aqui não damos RSI a ciganos");
– rejeitam a presença de famílias em determinados concelhos por mais de 24/48 horas sob o pretexto de não serem residentes;

IMIGRAÇÃO E RACISMO EM PORTUGAL

- mobilizam fundos públicos para "convidar" os ciganos a abandonarem o concelho, deslocalizando-se e agravando-se o problema ("1000€ por família ou o realojamento no bairro Y?");
- deliberadamente não se candidatam a programas existentes para não dar visibilidade à problemática ("distancio-me para que o problema se vá resolvendo por si próprio");
- impedem o acesso a água, à eletricidade ou a saneamento básico, sob o pretexto de que seria um incentivo para o aumento da fixação de outras famílias ciganas;
- mantêm a insalubridade do espaço ocupado à espera que a situação se torne insustentável e os ciganos abandonem o concelho;
- dificultam o reconhecimento do estatuto de residente, impedindo-se o acesso a determinadas serviços;
- influenciam a opinião pública local para impedir o arrendamento ou a compra de uma casa no mercado livre de habitação...

ii) Práticas profissionais ligadas à intervenção social que tendem para o processamento burocrático das medidas e programas sociais, em detrimento do aprofundamento do conhecimento das famílias, das suas necessidades, competências e expectativas face ao futuro. Como resultado, a intervenção tende a seguir mais a lógica dos recursos disponíveis e não tanto as necessidades sentidas e expressas pelas pessoas, onde as ações de inserção surgem desajustadas ao perfil dos beneficiários e muitas vezes contraproducentes face às lógicas de funcionamento das famílias;

iii) Práticas institucionais marcadas pelo fechamento sobre si próprias que impedem a promoção de dinâmicas de parceria e comprometem a mobilização concertada dos recursos disponíveis a nível local ou desvirtuando-se a filosofia de determinadas medidas.

Trata-se, pois, de práticas de rejeição, carregadas de medidas de expulsão simbólicas que podem ou não produzir os efeitos desejados: a saída efetiva do concelho. Nos concelhos onde se desenvolve estas estratégias o acesso ao mercado público de habitação deve ser assegurado algures, traduzindo aquilo que em linguagem anglo-saxónica se apelida de sindroma *NIMBY* (*not in my backyard*).

Todos estes sinais revelam as carências atuais do(s) modelo(s) de integração proposto(s) e do perfil de políticas sociais em vigor, evidenciando: a ocultação do pluralismo de valores e de modos de vida nas sociedades contemporâneas; a inexistência de uma leitura científica dos problemas e de uma avaliação mais sistemática dos indicadores de evolução da situação onde se pretende intervir; as contradições na mobilização dos recursos existentes e nas modalidades que assume a administração de determinadas medidas, programas e projetos.

SERÁ QUE DEUS NÃO PRECISA DE PASSAPORTE? ISLÃO "IMIGRANTE", NORMATIVIDADES SECULARES E ISLAMOFOBIA

JOSÉ MAPRIL

Em 2007, Peggy Levitt publicou *God Needs no Passport*, um livro onde se debruçava sobre o impacto da nova imigração na paisagem religiosa nos EUA.[1] A ideia central pode ser resumida no seguinte parágrafo:

> *A religião, como o capitalismo ou a politica, já não está firmemente ancorada num pais ou num sistema legal. Isto ocorre em parte porque a religião facilmente atravessa fronteiras. Deus não precisa de passaporte porque as tradições baseadas na fé dão aos seus seguidores símbolos, rituais e estórias que podem ser*

---

[1] LEVITT, P. (2007); *God Needs no Passport: Immigrants and the Changing American Religious Landscape*, Virginia, The New Press.

usadas para criar paisagens sagradas alternativas, marcadas por templos e locais de culto.[2]

O argumento é que o religioso questiona permanentemente as fronteiras dos Estados-nação e os imaginários particularistas. A tese enquadra-se num contexto teórico-metodológico marcado pela emergência do transnacionalismo enquanto conceito central na interpretação dos fenómenos migratórios contemporâneos, conceito esse que enfatiza as múltiplas relações sociais que os migrantes mantêm entre as sociedades de origem e de acolhimento.[3] Com este livro, Levitt pretende mostrar como os campos sociais transnacionais se produzem e articulam não apenas em torno de fenómenos económicos e políticos mas também por via da religiosidade e do ritual.

No entanto, um aspeto algo negligenciado nesta obra, e que tem um impacto concreto sobre a circulação transnacional, é a forma como se produzem fronteiras com base em idiomas religiosos. Este capítulo pretende precisamente explorar a relação entre religião e processos de disciplina, através do exemplo da educação islâmica na Europa.

---

[2] LEVITT, *op. cit.*, 12-13

[3] BACH, L., Glick Schiller, N., e Blanc, S. (1992); "Transnationalism: a new analytic framework for understanding migration", *Annals of the New York Academy of Sciences*, 645, pp. 1-24.

SERÁ QUE DEUS NÃO PRECISA DE PASSAPORTE?

Desde a segunda metade da década de 90 do século XX, vários países têm desenvolvido programas de treino e formação de especialistas religiosos islâmicos. Segundo as racionalidades que os enformam, estes programas visam instruir os líderes de oração, os chamados "imams trabalhadores" ou "imams voluntários" (frequentemente acusados de nada saberem das sociedades onde se encontram), nos valores e nas "tradições intelectuais europeias".[4]

Como veremos em seguida, o que estas discussões e debates revelam é, antes de mais, uma forma específica dos Europeus olharem para a Europa, olhares esses nos quais os imigrantes muçulmanos não têm um lugar.[5] Esta recusa assenta em duas narrativas que se complementam: uma primeira que argumenta que os muçulmanos cresceram numa cultura distinta da europeia e como tal a sua "integração" no tecido social europeu far-se-á com grande dificuldade. Este é um argumento que exclui todos aqueles que já nasceram em solo Europeu e que como tal não são imigrantes mas sim cidadãos europeus de plenos direitos. O uso do conceito "segunda geração" para descrever estes

---

[4] MAUSSEN, M. (2005); *Making Muslim Presence Meaningful: Studies on Islam and Mosques in western Europe*, Working paper 05/03, Amesterdão, School for Social Science Research.

[5] ASAD, T. (2003); *Formations of the Secular: Christianity, Islam and Modernity*, stanford, Stanford University Press.

segmentos parece ser precisamente uma forma de continuamente os colocar fora da cidadania Europeia.[6]

Segundo Talal Asad, a segunda narrativa argumenta que a relação que os muçulmanos mantêm com o Islão implica a reprodução de certos valores que são considerados incompatíveis com o estado secular moderno.[7]

Estes dois discursos têm sido bandeiras veiculadas pelas extremas direitas europeias que produzem os muçulmanos como uma ameaça, o chamado "perigo islâmico", ao qual estão associados vários pânicos morais, tais como "terrorismo", "fundamentalismo", "opressão de mulheres", "talibãs", "masculinidade violenta", "homofobia", "fanático", entre outros.[8] Nestes discursos da extrema direita, a madrassa é uma instituição frequentemente associada à radicalização dos jovens e à proliferação de jihadistas pelo globo.[9]

Aqui a islamofobia parece ser parte integrante de um processo político de purificação da identidade

---

[6] SAYYID, B. (2006); "BrAsians: postcolonial people, ironic citizens" in Ali, N. (org.), *A Postcolonial People: South Asians in Britain*, Londres: Hurst, pp. 1-10.

[7] ASAD, *op. cit.*

[8] RANA, J. (2011); *Terrifying Muslims: Race and labor in the South Asian Diaspora*. Durham, Duke University Press; SAYYID, S. e VAKIL, A. (orgs.) (2010); *Thinking Through Islamophobia: Global perspetives*, Londres: Hurst.

[9] Para um aprofundamento do tema ver HEFNER, R. e ZAMMAN, M. (orgs.) (2007); *Schooling Islam: The Culture and Politics of Modern Muslim Education*, Princeton, Princeton University Press.

europeia, em relação à qual os muçulmanos são produzidos como uma alteridade radical[10]. No entanto, esta visão que problematiza a presença do islão e dos muçulmanos na Europa é também veiculada, ainda que de forma distinta, junto de vastos setores liberais para quem os muçulmanos ignoram os princípios do secularismo e da liberdade de expressão. A diferença entre a extrema direita e os liberais na Europa reside menos na sua perspetiva sobre a Europa e mais na tolerância a ter com os muçulmanos e o Islão[11]. Assim para vastos setores da sociedade europeia:

> *Os muçulmanos podem ser assimilados (...) à civilização Europeia assim que tiverem relegado àquilo que muitos erradamente consideram essencial para eles. A crença que os seres humanos podem ser separados das suas histórias e tradições torna possível a europeização do mundo islâmico e, pela mesma lógica, a assimilação dos imigrantes muçulmanos ao*

---

[10] Islamofobia é um conjunto de discursos carregados de pânicos morais e simultaneamente um processo global de racialização da figura do muçulmano. Para um maior aprofundamento ver RANA, *op. cit.* e SAYYID, *op. cit.*

[11] Segundo Yilmar, a relação entre setores liberais e o discurso islamofóbico resulta do impacto que as extremas-direitas europeias têm tido nos discursos políticos dos partidos "mainstream". YILMAR, F. (2012); «Right Wing Hegemony through the Immigration Debate in Europe», in *Current Sociology* 60 (3), pp. 368-381.

espaço europeu, espaço esse onde, para o bem e para o mal, já se encontram.[12]

Ora, em todo este processo de assimilação (e disciplina), o treino e a formação de líderes e especialistas religiosos assume uma importância fulcral, desde logo porque é o garante, argumentam alguns setores, da criação de uma subjetividade religiosa que se encontra em conformidade com uma ética política liberal.Como Saba Mahmood argumenta, o secularismo é uma ideologia não tanto preocupada com a separação entre estado/governo e a religião mas antes com a formação de uma subjetividade religiosa que está em conformidade com uma ética política religiosamente neutra.[13]

Tal objetivo só pode ser atingido através de uma hermenêutica que facilita uma conceção secularizada da religião, conceção essa que mais não é do que um sistema de signos e símbolos que são manipulados pelos indivíduos de acordo com as suas circunstâncias e os seus interesses.[14]

Ora é precisamente esta normatividade secular que produz não apenas uma determinada subjetividade religiosa mas também uma forma de religiosidade

---

[12] ASAD, *op. cit.*, p. 109

[13] MAHMOOD, S. (2006); «Secularism, hermeneutics and empire: the politics of Islamic reformation» in *Public Culture*, 18(2), pp. 323-347.

[14] MAHMOOD, *op. cit.*, 341.

compatíveis com uma ética política liberal. Vejam-se os projetos para a formação de líderes de oração e especialistas religiosos em vários contextos europeus e como eles revelam precisamente esta relação com uma normatividade secular.

Um Islão diciplinado e europeu

A educação islâmica tem merecido um crescente interesse por parte da opinião pública, dos académicos e das autoridades de vários países da Europa ocidental. A criação de seminários e a dinamização de cursos com vista à formação de *imams*, são exemplos que revelam a eminente importância política do conhecimento religioso. Esta centralidade da formação de líderes de oração está relacionada com o seu papel e importância no veicular de mensagens nos sermões de sexta-feira, nas homilias quotidianas ou mesmo nas escolas religiosas e no processo de transmissão de conhecimentos dirigidos aos mais jovens. O intuito é formar líderes religiosos supostamente "moderados" e constituir um *Muslim Establishment* e assim, dirão alguns, impedir a "radicalização" dos mais jovens.[15]

---

[15] Segundo Mahmood (*op. cit.*) esta preocupação com a formação de um *Muslim Establishment* em vários contextos faz parte das próprias

Esta motivação é facilmente percetível nos dados recolhidos por Albert Kraler, no âmbito da sua pesquisa sobre a acomodação do Islão na Europa Ocidental, que evidenciam a preocupação de vários governos europeus para quem os *imams* oriundos dos países de origem são vistos com grande desconfiança.[16] Eles são considerados um problema porque, em primeiro lugar, muitos são "imigrantes" recentes e temporários, cujos cargos lhes foram atribuídos pelos governos dos países de origem ou estão ligados a organizações de cariz transnacional; em segundo lugar, não conhecem o país de residência e frequentemente têm dificuldades com o domínio da língua; em terceiro, não estão familiarizados com os reais "problemas" e desafios que se colocam aos migrantes e minorias na Europa e como tal não podem servir de interlocutores ou líderes comunitários com os governos; e, finalmente, a sua posição face às sociedades europeias estará sempre ligada a uma agenda islâmica conservadora que colocará em causa o processo de integração e a europeização do Islão e dos muçulmanos.

---

estratégias do departamento de Estado norte-americano no âmbito da "Guerra ao Terrorismo".

[16] KRALER, A. (2007); "The Political Accomodation of Immigrant Religious Practices" in *Journal of Ethnic and Migration Studies*, 33 (6), pp. 945-963.

SERÁ QUE DEUS NÃO PRECISA DE PASSAPORTE?

Como solução, países como a Áustria, a Bélgica, a Alemanha, a Holanda, e mais recentemente, a França, têm-se preocupado em desenvolver medidas como a criação de instituições destinadas ao treino dos líderes religiosos, fomentar a institucionalização de corpos institucionais centralizados e alterar as leis de imigração com o objetivo de dificultar, ou pelo menos controlar, a entrada de líderes religiosos estrangeiros.[17] Dois exemplos são particularmente reveladores: a Holanda e a França.

No primeiro caso, este processo tem vindo a adquirir uma maior importância e institucionalização. Desde 1994 que, no âmbito de esforços destinados a criar um Islão holandês, os vários governos têm vindo a encetar discussões sobre um sistema de treino e educação de *imams*. Para muitos, a influência externa na formação dos líderes religiosos nas mesquitas holandesas corresponde a uma inaceitável ingerência que afeta as "comunidades muçulmanas" aqui residentes.[18] Segundo algumas vozes, incluindo académicos, o treino local de líderes religiosos teria três vantagens: (i) garantiria uma maior familiaridade com a situação holandesa; (ii) permitiria uma intermediação com a

---

[17] KRALER, *op. cit.*
[18] LANDMAN, N. (1999); "Imams in the Netherlands: homemade better than import" , *ISIM Newsletter*, nº 2, pp. 5.

sociedade em geral; e, finalmente, (iii) facilitaria os processos de integração dos migrantes muçulmanos.[19]

Ainda que em 1983 tenham sido tentadas algumas medidas, apenas em 1998, o governo holandês publicou um documento de orientação sobre o treino e a formação de *imams* que continha as seguintes linhas diretivas: em primeiro lugar, estimular a criação de um instituto de teologia, no âmbito do sistema educativo holandês, para o treino de líderes de oração; em segundo lugar, realizar cursos de atualização para aqueles que se formaram noutros países; e finalmente, restringir o acesso de líderes estrangeiros sempre que haja *imams* holandeses disponíveis.[20]

Tais esforços são encarados pelo governo como um passo acertado na integração das chamadas "minorias étnicas" e os principais argumentos apologéticos são: (i) impedir os *imams* de contribuir para o isolamento e autossegregação dos muçulmanos através da transmissão de valores "conservadores", valores esses que resultam da sua formação no estrangeiro; (ii) reduzir a influência de autoridades e organizações estrangeiras tais como o *Dyanet*, o secretariado turco de assuntos religiosos; (iii) possibilitar uma melhor integração dos

---

[19] RATH, J. *et al.* (2001); *Western Europe and Its Islam*, Leiden. Brill Publishers.
[20] LANDMAN, *op. cit.*

imams nas instituições holandesas, tais como hospitais e prisões, o que seria impossível de concretizar junto daqueles que não conhecem a realidade holandesa; (iv) finalmente, permitir uma melhor proficiência do neerlandês e assim aumentar a possibilidade de chegar às ditas "segundas e terceiras gerações". É claro que tais planos tiveram múltiplas reações críticas, vindas sobretudo das principais associações de muçulmanos no país.

Em França, a discussão deste mesmo processo iniciou-se nos anos 90, tendo assumido em 2003, uma maior importância, nomeadamente, através da institucionalização de um representante nacional do Islão – o *Conseil Français du Culte Musulman* (CFCM). Entre as várias competências deste órgão destaca-se a criação de um grupo de reflexão sobre o desenvolvimento de um curriculum oficial, e reconhecido, para os *imams* em França. Esta iniciativa complementaria outras anteriores e que foram desenvolvidas, com um sucesso limitado, pelas três principais federações islâmicas – a União das Organizações Islâmicas em França, a Federação Nacional dos Muçulmanos em França em conjunto com a Islamic World League, e a Mesquita de Paris (Peter 2003).[21]

---

[21] PETER, F. (2003); "Training imams and the future of Islam in France", *ISIM Newsletter*, nº 13, pp. 20-21.

A centralização estatal deveria ser contextualizada pelos exercícios de institucionalização de um Islão francês, e a sua galicização, com vista a contribuir para uma melhor integração e incorporação do Islão no tecido social da república. Também aqui os *imams* formados no estrangeiro são percecionados como uma ameaça que urge controlar, senão mesmo expulsar, e a melhor forma de o fazer é aumentar a percentagem de líderes de oração francófonos (que eram à data menos de 50%).[22]

O caso português e um espaço público transnacional

Em Portugal, o estado não atua sobre a formação de especialistas religiosos. No âmbito da lei de liberdade religiosa, o estado delega nas "comunidades" e respetivas instituições de representação, o papel de formação dos seus especialistas e educadores bem como os próprios curricular para a educação dos mais jovens.[23]

Assim a formação de líderes de oração tem sido da exclusiva responsabilidade da Comunidade Islâmica

---

[22] PETER, *op. cit.*

[23] LOJA, F. (2002); "Islam in Portugal" in Hunter S. (ed.), *Islam, Europe's Second Religion: The new social, cultural and political landscape*, Londres, CSIS, pp. 191-204.

SERÁ QUE DEUS NÃO PRECISA DE PASSAPORTE?

de Lisboa (CIL) e do Colégio Islâmico de Palmela.[24] Caso queiram prosseguir a formação, envidam-se esforços, familiares e institucionais, para enviar os estudantes para o Reino Unido. Entre outras congregações, mais concretamente nas mesquitas senegalesa e bangladechiana em Lisboa, os líderes de oração e os tutores são da exclusiva responsabilidade das respetivas comissões executivas, sendo frequentemente recrutados no país de origem ou entre os próprios residentes em Portugal.[25]

Ao nível da educação islâmica, vários esforços têm vindo a ser desenvolvidos para a criação de uma infra-estrutura que responde adequadamente às necessidades. Esta passa pela circulação de tutores privados, aulas de instrução islâmica, que frequentemente ocorrem nas várias mesquitas espalhadas pelo país e cujas dinâmicas e composição variam consoante a congregação maioritária, no Colégio Islâmico de Palmela

---

[24] Para mais desenvolvimentos sobre estas duas instituições ver TIESLER, N.(2000); "Muçulmanos na margem: A nova presença islâmica em Portugal", *Sociologia: Problemas e Práticas*, 34, pp. 117-144; VAKIL, A. (2003ª); "Muslims in Portugal: history, historiography, citizenship" in *EuroClio Bulletin*, nº 18: 9-13; SANTOS, M. (2006); *Religião, Elemento Fundamental na Identidade de Grupo de Alunos do Colégio islâmico de Palmela*, Lisboa, Universidade Aberta, Tese de mestrado.
[25] Para mais desenvolvimento sobre a mesquita bangladechiana em Lisboa ver MAPRIL, J. (2012); *Islão e Transnacionalismo: um etnografia entre Portugal e o Bangladeche*, Lisboa, Imprensa de Ciências Sociais.

(que apresenta um curriculum religioso e secular) e nalgumas associações sócio-culturais.[26]

Todas estas iniciativas emanam de várias instituições e congregações que existem no país com diversos discursos e narrativas das quais salientaria os produzidos pelos principais representantes do Islão no espaço público português – a CIL. Para estes, a educação islâmica é indispensável não apenas para a criação de bons e devotos muçulmanos mas também para a formação de cidadãos com um ética política liberal. Segundo tais perspetivas, conhecer a identidade e herança religiosas é o garante de uma participação informada no espaço público. A ignorância, segundo tais perspetivas, redundaria inevitavelmente na sua manipulação por parte de outros com intenções duvidosas.

Para os principais representantes do Islão, em Portugal não existem pressões similares àquelas que ocorrem noutros contextos europeus, no entanto, reconhecem o impacto do contexto internacional no próprio espaço público português. Os debates e polémicas em França, na Holanda e na Alemanha acabam inevitavelmente por ter implicações na pró-

---

[26] MAPRIL, J. (2010); "'Bons' muçulmanos: educação islâmica e cidadania na área metropolitana de Lisboa" in Vilaça, H. e Pace, E. (eds.), *Religião em Movimento*, Porto, Estratégias Criativas, pp. 37-54.

pria construção de um *Islão público* em Portugal.[27] Se existe um "espaço público global de referências normativas e debate"[28] acerca do Islão, estas polémicas, bem como a suspeita e a islamofobia que estão na sua génese, transnacionalizam-se e têm implicações na construção de um *Islão público* em Portugal. Através destes projetos e discursos, os principais representantes do Islão em Portugal pretendem desconstruir as narrativas que percecionam os muçulmanos como causa de vários "pânicos morais", que os categorizam como uma ameaça eminente, um perigo para os valores da sociedades onde se encontram, e assim mostrar que não existe qualquer incompatibilidade entre o Islão, uma ética política liberal e a portugalidade.

Notas finais

Ao longo deste capítulo procurei demonstrar como o Islão tem sido produzido como uma religião exterior à Europa, uma religião que entre muitas outras categorizações é "imigrante", "estrangeira", "premo-

---

[27] EICKELMAN, D., e Salvatore A. (2006); "Public Islam and the common good", *Etnográfica*, 10 (1), pp. 97-105.
[28] BOWEN, J. (2004); "Beyond migration: Islam as a transnational public space", *Journal of Ethnic and Migration Studies*, 30 (5), pp. 879-894.

derna" e "tradicional". Segundo tais discursos, primeiro emanados das novas direitas europeias mas também de alguns setores liberais, os muçulmanos defendem valores que põem em causa os "legados" do iluminismo e da "civilização" europeia. Ora a única solução passa por disciplinar o Islão e os Muçulmanos, formando-os numa hermenêutica e numa subjetividade em conformidade com os valores da ética política liberal.

Tais projetos são frequentemente emanados de vários Estados-nação que veem nestas governamentalidades formas de produzir um muçulmano tipo. Outras vezes, são as próprias instituições da sociedade civil que perante os discursos marcadamente islamofóbicos (que circulam transnacionalmente) se veem perante a necessidade de desconstruir tais narrativas através da (re)produção de uma ideia de um muçulmano liberal e moderado e como tal "bom" cidadão.

Coleção Livros de Bolso *Le Monde diplomatique*

1. *Precários em Portugal – entre a fábrica e o "call center"*,
   organizado por Renato Miguel do Carmo

2. *Precários em Portugal – entre a fábrica e o "call center"*,
   organizado por Nuno Domingos, José Nuno Matos e Rahul Kumar

3. *Imigração e Racismo em Portugal – o lugar do outro*
   organizado por Bruno Peixe e Nuno Dias